AF345469

Historias para disfrutar con la historia

Fran Zabaleta

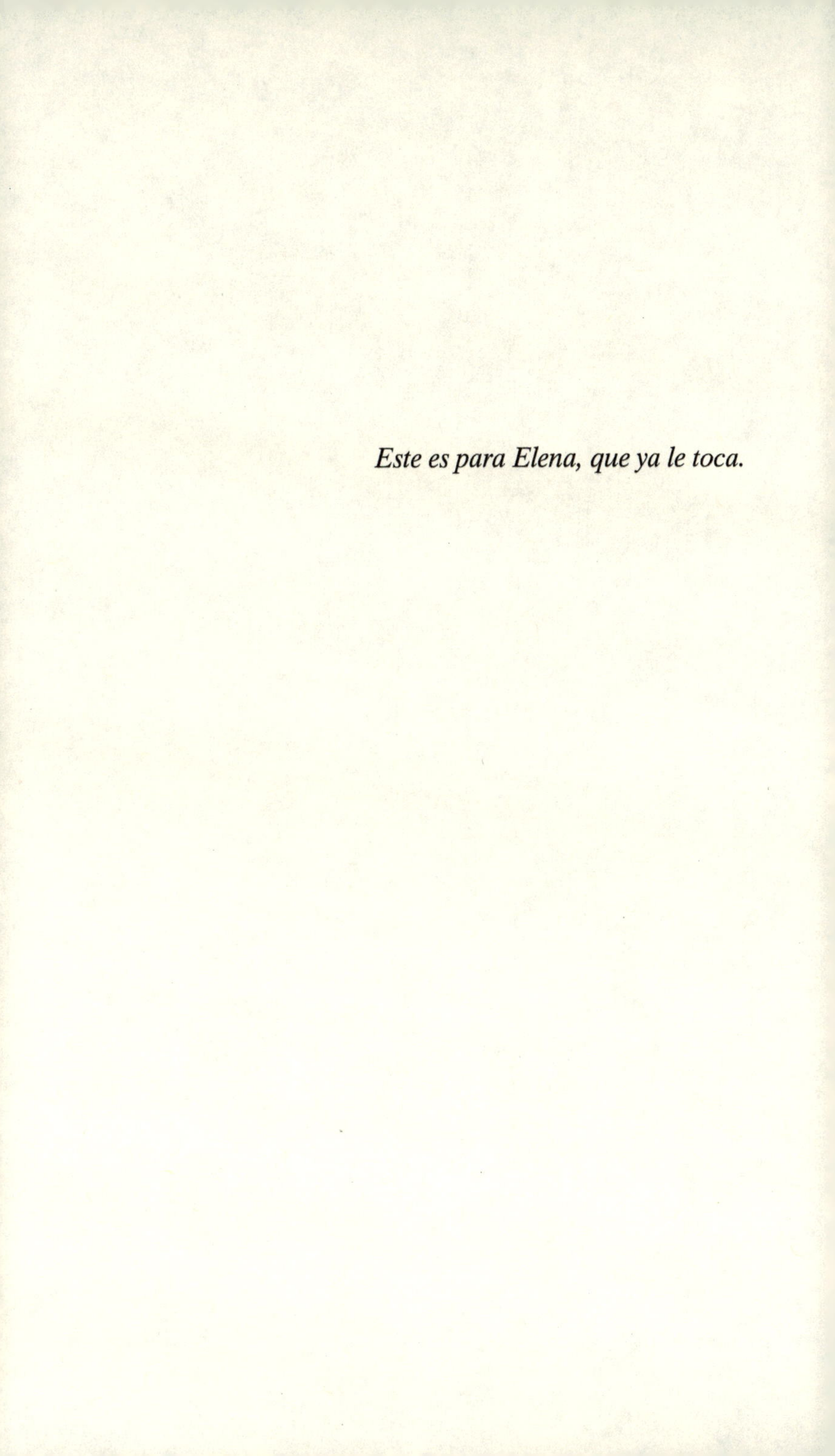

Este es para Elena, que ya le toca.

No saber lo que ha sucedido antes de nosotros es como ser incesantemente niños.

Cicerón

01 Historias para disfrutar con la historia
Primera edición: junio de 2019
franzabaleta.com

Imagen de portada
Wikilmages en Pixabay

Maquetación en papel
Pío García, 2019

Edición ePub
Valentina Truneanu, 2019

Editorial
Los libros del salvaje
Rúa Troncoso 4, 2º
36206 Vigo

ISBN edición papel: 978-84-949646-2-6
ISBN edición epub: 978-84-949646-3-3

Índice

PRÓLOGO

Historias para los que no les gusta la historia... y también para los que la disfrutan

Cuando era adolescente tenía una profesora de historia a la que habría que levantarle un monumento, aunque solo fuera para poder despacharse a gusto arrojándole huevos y tomates podridos.

Ella sola se cargó la curiosidad natural de docenas de generaciones. Tenía una habilidad especial para aplastar el interés y la imaginación de los adolescentes: llegaba a clase, colocaba el libro sobre su mesa, nos hacía sacar nuestro propio libro y se pasaba la hora leyendo palabra por palabra lo que ponía la lección de turno. Leía lentamente, sin entonación alguna, vigilándonos con un ojo para asegurarse de que estábamos siguiendo en nuestros propios libros el texto que ella leía con voz tan monótona que no quedarse dormido constituía toda una proeza. Cada cierto tiempo se detenía, nos echaba un nuevo vistazo desganado, le gritaba a fulanito o menganito que despertara y nos resumía el párrafo que acababa de leer, lo que básicamente consistía en releerlo un poco más rápido una vez más.

Después de varios meses de este procedimiento, no había uno solo de sus alumnos que manifestara la menor inclinación por conocer la historia.

No fue la única profesora con tan destacadas cualidades para la enseñanza que me tocó en suerte. No sé si sería alguna maldición cósmica o simple probabilidad estadística, pero tuve que sufrir a un buen puñado de maestros que, como ella, poseían una extraordinaria habilidad para anular cualquier atisbo de pensamiento intelectual en sus alumnos. El resultado fue que casi hasta el mismo año en que llegué a la facultad estaba convencido de que la historia era un sistema de tortura que los adultos inventaban para domar a los adolescentes.

Algo que, ahora que lo pienso, me hace pensar si yo no tendría ya por entonces alguna tara mental… pues terminé estudiando la carrera de Geografía e Historia. Prefiero pensar que no, que en realidad, pese a todos los *antiprofesores* del mundo, la historia se las arregló para atraer mi atención a través de los libros y las novelas históricas que invadían las estanterías de mi casa, aguardando pacientemente a que me fijara en su existencia.

Torturas como la que mi profesora nos infligía en cada clase han conseguido que miles de personas se pongan a bostezar cuando alguien menciona la palabra historia. Han conseguido que no sea extraño que el hijo de un amigo mío, de dieciocho años y con un expediente escolar extraordinario, me confesara un día ante un comentario mío que no tenía ni idea de quién era Mao Tse Tung. «Pues si yo no lo sé —se encogió de hombros cuando abrí la boca de par en par—, te aseguro que nadie en mi curso lo sabe».

Así nos va, condenados a repetir una y otra vez los mismos errores porque desconocemos nuestro pasado.

Por eso me he animado a escribir estas *Historias para disfrutar con la historia*, una serie de relatos novelados sobre episodios decisivos de la historia universal, aquellos que hicieron que el rumbo de los acontecimientos cambiara: descubrimientos, batallas, obras de arte, inventos, ideas filosóficas... Son textos breves que explican distintos sucesos y su trascendencia, pero que, sobre todo, buscan hacerte disfrutar con la lectura y la historia.

Hacerte disfrutar a ti, por supuesto, pero también a tus hijos, para que dejen de creer que la historia es ese sistema de tortura del que te hablaba antes.

En esta primera entrega he seleccionado cinco momentos trascendentales de la historia de la humanidad, uno por cada gran período: prehistoria, Edad Antigua, Edad Media, Moderna y Contemporánea. No son los más trascendentales porque no tengo ni idea de cómo establecer esa posible clasificación de mayor o menor importancia, ni creo que jamás nos pongamos de acuerdo sobre si fue más relevante la primera vuelta al mundo o la conquista de México, por poner solo dos ejemplos del mismo período.

Pero algo es seguro: son cinco hechos que tuvieron grandes repercusiones y que, de alguna forma, hicieron que el curso de la historia variara. Y son, también, cinco momentos apasionantes de nuestro pasado.

Prehistoria

EL DESCUBRIMIENTO QUE NOS CONVIRTIÓ EN SERES HUMANOS

La hembra percibe el frío intenso del viento que la azota al alcanzar la cima de la colina, pero hace caso omiso de él. Es robusta, de caderas anchas, con una fuerte mandíbula sin mentón y unos arcos superciliares muy marcados. Sobre ellos, la frente huye hacia un cráneo ancho y bajo. Mide un metro sesenta y cinco centímetros; es una estatura considerable, aunque menor que la de los machos de su especie, que alcanzan con facilidad el metro ochenta centímetros.

Se yergue cuanto puede sobre la punta de los pies y otea el horizonte. Permanece así un buen rato, casi inmóvil, trazando con la cabeza un lento giro para observar en todas direcciones. Hasta donde alcanza su vista se extiende un amplio paisaje desolado. Una llanura de suelos pantanosos y turberas, recorrida por vientos gélidos y solo poblada por una hierba áspera y pardusca, unos pocos matorrales, musgos y líquenes. Sin darse cuenta, contiene la respiración mientras escruta la tundra.

Humo. Busca la menor señal de humo.

Deja de otear y aprieta con fuerza las mandíbulas. Localiza al resto de los miembros de su grupo al pie de la colina. Vistos desde las alturas, encogidos sobre sí mismos para preservar el calor corporal mientras aguardan su regreso, parecen inquietos y desamparados.

Lo están. Ella lo sabe. Lo ve en sus ojos cuando la miran. Lo advierte en sus gestos bruscos, en el silencio desacostumbrado de las crías, que perciben la tensión de los adultos. Lo nota en los sonidos breves, ásperos, que se cruzan. Llevan así varias jornadas. La hembra es ya anciana, pues ha vivido más de treinta veranos. Por eso sabe que las cosas se pondrán peor.

No ha visto humo.

No hay fuego. No sobrevivirán sin él. Necesitan encontrar fuego cuanto antes.

Emite un gruñido de decepción que nadie escucha y comienza a descender la ladera, de regreso con sus compañeros.

Eran tiempos duros. Todavía faltaban muchos miles de años para el presente. Las investigaciones más recientes hablan de un millón de años, una cantidad de tiempo tan inmensa para la escala humana que nos resulta difícilmente imaginable.

Quizá por eso hacemos algo peculiar: troceamos el tiempo, como si de esa forma, al dividirlo y organizarlo, pudiéramos comprenderlo mejor. Así, hemos dividido la historia geológica de nuestro planeta en cuatro grandes eras que abarcan, en conjunto, la escalofriante cifra de 4.500

millones de años: la era precámbrica, la paleozoica, la mesozoica y la cenozoica; esta última, a su vez, la dividimos en dos, era terciaria y era cuaternaria.

La era cuaternaria, en la que nos hallamos, comenzó hace unos dos millones de años. Un suspiro a escala geológica, una eternidad si lo comparamos con la duración de la vida humana. La superficie de la Tierra ya había adquirido más o menos el aspecto actual: los continentes se habían separado, los dinosaurios hacía una eternidad que se habían extinguido y la mayoría de los animales y plantas que poblaban el planeta serían reconocibles para los hombres y las mujeres actuales.

Sin embargo, el mundo era muy, muy diferente.

Eran, como decía, tiempos duros. En ese momento, quedamos en que hace un millón de años, la Tierra estaba sufriendo los efectos de una terrible glaciación que conocemos con el nombre de Günz, la primera de las cuatro que experimentará el planeta durante la era cuaternaria.

Un glaciar es una inmensa masa de hielo. Se forma cuando la nieve no se funde durante el verano debido a las bajas temperaturas, por lo que va acumulándose de un año para otro. Poco a poco la presión aumenta y la nieve pierde el aire que contiene, hasta que acaba formándose un hielo azul tan transparente como el cristal.

Durante los períodos glaciares, estas grandes masas de hielo azul cubrían buena parte del hemisferio septentrional y amplias zonas del meridional. Se extendían por la península escandinava y el norte de Europa, sofocaban casi completamente Canadá y se prolongaban por Estados Unidos hasta Seattle y los Grandes Lagos. En los Alpes, los Pirineos, el Atlas, el Kilimanjaro, las Montañas Rocosas, los Andes, las montañas y altiplanos del Asia Central y las montañas de Australia o Nueva Zelanda se formaban también grandes glaciares.

Pero los efectos del hielo se prolongaban más allá de las zonas ocupadas por los glaciares.

Por una parte, el nivel de los mares descendía debido a que buena parte del agua del planeta se congelaba, con lo que zonas hoy sumergidas afloraban a la superficie, como el canal de la Mancha o el estrecho de Gibraltar.

Por otra parte, en las tierras donde el hielo no alcanzaba lo que predominaba era el frío, la tundra, pantanos y vientos helados que soplaban a través de las estepas. En estas zonas el suelo permanecía congelado la mayor parte del año, e incluso durante el breve intermedio del verano la tierra se mantenía helada a partir de una cierta profundidad: es lo que llamamos *permafrost*. Incluso en la hoy cálida África, donde por cierto se encontraba nuestra protagonista (en alguna parte del interior de la actual Sudáfrica), los glaciares extendían sus lenguas de hielo por las zonas montañosas. Alrededor del ecuador, donde no llegaban los glaciares, caía sin cesar una lluvia fría e interminable que ahogaba el mundo.

Sí, eran tiempos duros, pero nuestra hembra no lo sabía. No sabía nada, en realidad. No sabía que miles de años en el futuro otros homínidos la llamarán *Homo erectus*; de hecho, no sabía que existía el futuro, pues para entender el concepto de futuro es necesario comprender la noción de evolución, de cambio, y su percepción se limitaba al corto plazo; no sabía siquiera que hacía frío, porque no conocía otra cosa que el frío. Para ella, eso era lo habitual. Así era el mundo que conocía: hambre, frío, miedo.

Sobre todo en ese momento en que habían perdido el fuego. Que ella lo había perdido.

Un círculo de miradas expectantes la rodea cuando se reúne con el resto del grupo. Por un instante le atraviesa la idea de decirles que ha visto humo, que sabe dónde pueden encontrar fuego. De esa forma se animarán y, ¿quién sabe?, quizá consigan sobrevivir. Pero no se le da bien fingir y ni siquiera tiene la oportunidad de intentarlo: nada más fijarse en su rostro, los demás comprenden que no ha visto humo.

No habla. No responde a los gruñidos violentos de uno de los machos jóvenes, ni a los gimoteos de una de las madres que teme que su cría fallezca pronto. No hay nada que pueda hacer, así que se limita a ponerse en camino. Necesitan encontrar cuanto antes un refugio si no quieren ser presa de algún depredador. El territorio que atraviesan es peligroso. En él abundan animales herbívoros. Y la hembra sabe muy bien que donde hay herbívoros también hay depredadores.

Poco a poco los demás comienzan a seguirla. Son solo un puñado: cinco machos y tres hembras en edad de reproducirse, tres crías sin destetar y ella, la anciana del grupo, la más experimentada. Por eso la siguen. Por eso es la encargada de guardar el fuego.

Pero lo ha perdido.

Sucedió una noche. Las brasas brillaban en la oscuridad, como siempre, pequeños puntos de luz en medio de la más completa negrura. Se hallaban en el vientre de la cueva. A su alrededor todos dormían, acurrucados unos contra otros para mantener el calor corporal. Escuchaba el rumor de las respiraciones acompasadas y hasta su olfato llegaban los olores familiares de las pieles y los cuerpos de los demás. Era un lugar confortable. Seguro.

Terminó de rodear la lumbre con piedras, para protegerla, y tanteó en la oscuridad hasta que sus dedos aferraron un tronco grande con el que alimentar el fuego. Las llamas eran voraces como un recién nacido: siempre pedían más y más. Necesitaban alimentarse constantemente para crecer. La vida se alimentaba de vida.

Cansada, pensando ya en tumbarse para dormir, depositó el tronco sobre las brasas. Entonces oyó aquel siseo que le heló el corazón. Dejó escapar un alarido involuntario y se inclinó, desesperada, sobre la hoguera. Un humo moribundo ascendía de lo que un instante antes eran ascuas vivas. Sopló frenéticamente para intentar reavivarlo, una y otra vez, una y otra vez, pero su nariz no se equivocaba.

El fuego se había marchado.

Una mancha de humedad oscurecía la ceniza. Examinó el tronco que había depositado sobre las brasas y vio que estaba hueco. En su interior todavía se olía la humedad. Agua. Contenía agua. El agua hacía huir al fuego.

Sin el fuego están muertos. O lo estarán pronto. No saben cómo obtenerlo, solo han aprendido a conservarlo cuando se lo encuentran en la naturaleza. Por eso han abandonado la seguridad de su refugio y se han puesto en marcha.

Necesitan encontrar fuego cuanto antes.

Hoy disponemos de tantas fuentes de energía para cubrir nuestras necesidades que nos cuesta comprender la importancia que tuvo el fuego en la Prehistoria. Pero la tuvo, hasta el punto de que, muy probablemente, fue el fuego el que marcó la diferencia. El que trazó la línea entre el animal y el humano.

Para entenderlo hay que retroceder con la imaginación a un tiempo en que el mundo era un inmenso territorio hostil plagado de enemigos. Un mundo en el que la supervivencia era una tarea complicada y que exigía dedicar todas las energías a conseguir alimento... y a no convertirse en alimento. En ese mundo, el fuego era un poderoso aliado de nuestros antepasados.

Les proporcionaba calor durante las gélidas noches de un mundo sometido por la glaciación, lo que reducía la mortandad por frío.

Les defendía de los depredadores, que no se acercaban a una hoguera porque temían las llamas; y, a la vez, les ayudaba a cazar, provocando estampidas o incendiando praderas para dirigir a sus presas hacia acantilados o despeñaderos.

Les aportaba libertad de movimientos y les permitía explorar territorios más fríos para cazar y recolectar frutos, pues podían transportar el fuego con ellos.

Les servía para cocinar los alimentos, que se volvían más tiernos y sabrosos y, sobre todo, aunque esto no lo supieran, mataba los parásitos y bacterias, con lo que se hacía más segura la ingestión de carne. Los vegetales sin cocción son más indigestos y requieren de mucho tiempo y energía para ser asimilados, de ahí que los chimpancés, por ejemplo, se pasen horas mascando la comida antes de tragarla.

El consumo de alimentos cocinados reduce el tiempo dedicado a la ingesta y, como consecuencia, reduce también el gasto energético de la digestión e incrementa las calorías obtenidas.

Además, los alimentos cocinados, más blandos, pueden ser consumidos por los que han perdido sus dientes, un elevado porcentaje de la población adulta, lo que mejora sus expectativas de vida (y, como efecto secundario nada desdeñable, favorece la transmisión de los conocimientos de los ancianos a los jóvenes, fundamentales para sobrevivir en un mundo hostil). La cocción permite conservar y almacenar alimentos para tiempos de escasez, con lo que las posibilidades de sobrevivir se incrementan.

A largo plazo, la cocción de alimentos provocó la reducción de las mandíbulas y los dientes y la transformación del sistema digestivo: el fuego nos cambió incluso físicamente.

En una fase más avanzada, el fuego también permitió fabricar herramientas (por ejemplo, quemando y afilando la punta de palos de madera para convertirlos en lanzas de gran resistencia y poder de penetración) o mejorar la salud (hirviendo plantas para obtener infusiones o inhalando vapor para descongestionar las vías respiratorias).

Con todo, el impacto más profundo del fuego fueron las transformaciones que provocó su uso en el cerebro de los homínidos.

El fuego proporcionó una fuente de iluminación independiente de la luz solar, lo que permitió mantener la actividad más horas al día. También, al brindar seguridad y mantener alejados a los depredadores, hizo posible permanecer en la fase REM del sueño durante más tiempo cada noche. Durante esta fase, el sistema nervioso bloquea las neuronas motrices, lo que produce una atonía muscular que impide que el durmiente se mueva. El ser humano actual permanece en la fase REM un 25% de su sueño frente al 15%, como máximo, del resto de los primates.

Y esta diferencia es fundamental: durante la fase REM el cerebro consolida la memoria que permite recordar la forma de realizar tareas, algo clave para ejecutar procesos complejos como, por ejemplo, despellejar animales, elaborar ropa o fabricar herramientas.

No solo eso: según las investigaciones más recientes, el fuego y su contemplación favorecen la meditación y regulan la atención, lo que estimula la elaboración de planes complejos y permite adelantar posibles soluciones a problemas futuros.

El uso del fuego no solo fue una ventaja competitiva fundamental en la lucha por la supervivencia: también permitió aprender más y mejor y provocó cambios trascendentales en la mente de los homínidos.

Un rugido lejano paraliza al grupo.

La anciana vuelve la cabeza hacia atrás y ventea el aire. Los machos intercambian gruñidos y mueven las manos con súbita inquietud. Una hembra aprieta con fuerza a su bebé contra su pecho, como si así pudiera protegerlo de la amenaza. Los cuerpos de los homínidos se agitan con temor e indecisión. Conocen demasiado bien el origen del sonido.

Les persigue un *megantereon*, un felino de tamaño similar al leopardo actual, aunque más corpulento y musculoso y con unos colmillos superiores de gran tamaño, ligeramente curvos, llamados dientes de sable.

El felino ha debido de cruzarse con su rastro y ha comenzado a seguirlo. Es una fiera poderosa y astuta. Ruge para atemorizarlos, para que emprendan la huida y conseguir así que los más débiles vayan quedando rezagados.

Se acaban de convertir en presas.

Cuando vuelve la vista hacia los suyos, la hembra se da cuenta de que todos la miran. Hay miedo en sus expresiones. Y furia. La culpan. Sin el fuego que ella ha perdido, en aquella llanura desolada, ¿cómo van a enfrentarse a una bestia semejante? Su única esperanza es alejarse lo más rápido que puedan y confiar en que el tigre pierda interés en ellos. Que encuentre otra presa.

Hace un gesto con la cabeza al macho dominante, un ejemplar alto y robusto que está en la plenitud de su fuerza. Tras unos instantes, como si quisiera dejar claro que no sigue órdenes de nadie, este emite un gruñido seco y se pone en marcha con ritmo vivo. Los demás se apresuran a seguirlo, se apiñan a su alrededor temerosos de quedar atrás. Ella es la última en ponerse en marcha. Tiene miedo, como todos. Ha visto a la fiera en acción más de una vez y conoce el terrible poder de sus garras, capaces de despedazar el cuerpo de un homínido de un zarpazo.

El grupo avanza en silencio a través de la tundra helada. Se dirigen hacia un bosquecillo que se divisa a lo lejos, en la ladera de una pequeña elevación. Es una buena elección. Allí, atraídos por la vegetación, es posible que haya herbívoros que distraigan la atención del depredador. O una cueva en la que refugiarse.

El día está comenzando a declinar. Al principio la hembra mantiene el paso del grupo, pero poco a poco va rezagándose. Es la más anciana y su cuerpo ya no posee la agilidad de otras épocas. Todavía puede mantener el paso si la huida no se prolonga demasiado, pero no se esfuerza. Los demás se van alejando, ansiosos por ampliar la distancia con su perseguidor. De vez en cuando miran hacia atrás, la ven más y más lejos. Se dan cuenta de por qué lo hace. Es la más anciana y su sabiduría es necesaria para el grupo, pero es débil y ya no puede reproducirse. Y ha perdido el fuego. No se detienen.

Cuando cae la noche los ha perdido de vista. El viento se ha recrudecido y aúlla en sus oídos, le traspasa la piel y le produce escalofríos. Llueve con fuerza, gotas gélidas que le golpean como guijarros de hielo. Está al límite de sus fuerzas. Hace tiempo que no oye a la fiera. Quizá ya no les siga, quizá haya encontrado otra presa o perdido su rastro debido a la lluvia. De todas formas, se obliga a seguir adelante. La colina ya no debe de quedar lejos.

Es ya muy tarde cuando alcanza al resto del grupo. Han tenido suerte. Han encontrado una cueva de boca estrecha con una amplia y profunda galería. Es un refugio cómodo y resguardado, apto para un grupo mucho mayor que el suyo.

El interior está completamente oscuro, pero no le cuesta localizarlos. Sus voces rebotan en el espacio interior: los susurros tranquilizadores de las madres a sus hijos, los gruñidos secos de una orden o una advertencia. Permanecen apiñados contra una de las paredes del fondo de la galería, lo más lejos posible de la entrada.

Sin decir nada, la anciana entra en la cueva. El suelo está alfombrado de hojas secas que crujen cada vez que da un paso. Son muchas. Eso le gusta, podrá envolverse en ellas para darse algo de calor.

Se deja caer a medio camino entre la entrada y el fondo de la cueva. Todavía no está tranquila, sabe que la fiera es obstinada y que es muy posible que continúe tras su rastro. Pero no puede hacer más. Está hambrienta, congelada, exhausta. Su cuerpo necesita descansar.

La despierta un crujido.

Todavía es de noche. Repentinamente alerta, inmóvil, aguza los oídos. El corazón late con violencia en su pecho, tanto que le impide concentrarse.

Ahí está otra vez. Un nuevo crujido, muy leve. Y algo más: el hedor acre del depredador. Les ha localizado. Está en la entrada, oliscando, estudiando el terreno, disponiéndose a atacar. Distingue la silueta de la fiera recortada contra la tenue claridad nocturna del exterior.

El miedo la paraliza. Todo su cuerpo le pide que huya, que se pierda en lo más profundo, en el vientre mismo de la montaña, que se salve a sí misma, sin preocuparse de nada más.

Se obliga a respirar con calma. Se incorpora muy lentamente. Los demás siguen durmiendo, ajenos al peligro. Necesita despertarlos, ponerlos sobre aviso para que escapen, y hacerlo sin atraer la atención de la fiera. Tantea con la mano a su alrededor hasta encontrar una piedra suficientemente grande. La sopesa con cuidado. Tiene que arrojarla con todas sus fuerzas si quiere hacerle daño. El ruido, de paso, despertará a los demás.

Lanza la piedra contra la silueta de la entrada, pero al instante se da cuenta de que ha salido desviada. Oye el crujido que produce el impacto contra la roca de la entrada. El ruido sobresalta al depredador, que retrocede unos pasos. En el fondo de la galería, machos y hembras se incorporan entre gruñidos y gritos, presos de una súbita agitación.

Pero la anciana no se da cuenta. Tiene la boca abierta. Su pequeño cerebro de homínido trabaja a toda velocidad, tratando de comprender lo que acaba de ver.

Fuego.

Acaba de ver fuego. Una diminuta ráfaga de chispas que saltaron de la pared de la gruta al suelo cuando la piedra la golpeó. ¡Fuego! ¿Está allí, en alguna parte? El fuego sería su salvación. Pero, ¿dónde se esconde? ¿Cómo llamarlo para que acuda de nuevo?

Repentinamente, tiene una inspiración. Tantea de nuevo a su alrededor hasta localizar más piedras y comienza a lanzarlas contra la pared de la caverna. ¡Allí está! Cada vez que una piedra golpea la roca brotan chispas de fuego. Está tan fascinada por su descubrimiento que no repara en el caos que la rodea: los gruñidos febriles de los adultos que buscan algún pasadizo para ponerse a salvo, los gritos de miedo de los niños, el rugido bajo y profundo de la fiera que, tras la sorpresa inicial, se dispone a atacar.

De súbito, un olor inconfundible llena sus fosas nasales. Las chispas, al caer sobre la hojarasca, han prendido fuego. Una llama débil, muy pequeña, que se alimenta de una hoja. ¡Fuego! La embarga una sensación de profunda satisfacción, de asombro y bienestar. ¡Ha conseguido llamar al fuego! No solo encontrarlo y conservarlo, sino algo que nunca antes se había dado: lo ha atraído. Ahí está, creciendo y expandiéndose a toda velocidad por el suelo de hojas secas.

La fiera lo huele también, ve las llamas que crecen con fuerza. Con un rugido de frustración que resuena en la caverna, se da media vuelta y desaparece en la oscuridad del exterior.

La hembra sonríe, incapaz de apartar la mirada del fuego.

☛ Hay dos formas básicas de encender fuego: por fricción de una madera más dura sobre otra blanda y seca y por percusión de una piedra dura como el sílex o pedernal y una rica en hierro como la pirita. Lo que le sucede a la anciana del relato es evidentemente ficción, pero refleja algo que debió de suceder muchas veces: el descubrimiento casual de las chispas que se producían al chocar dos piedras entre sí.

☛ El *Homo erectus* vivió entre 1,9 millones de años y 70.000 años antes del presente. Se cree que procede del *Homo habilis*. Algunos autores consideran que entre el *habilis* y el *erectus* debe situarse al *Homo ergaster*, pero otros especialistas consideran que *ergaster* y *erectus* son una misma especie, debido a su gran parecido anatómico. Ambos tienen una constitución física bastante parecida a la nuestra y una altura semejante, aunque eran más robustos.

☛ Se cree que el *Homo erectus* fue el primer homínido con capacidad para el lenguaje articulado y el primero en establecer relaciones sociales complejas gracias a que su cerebro, mayor que el del *Homo habilis*, ya estaba capacitado para elaborar rudimentarias abstracciones (como la deducción que hace la hembra del relato al ver las chispas al chocar dos piedras). Además, es muy probable que el mayor tamaño de la esclerótica (la parte blanca del ojo) en contraste con las pupilas les permitiera intuir los estados de ánimo de sus congéneres mediante la observación de sus miradas.

☛ El fuego fue la primera fuente de energía que controló el hombre. Su dominio supuso el inicio del desarrollo técnico que nos ha convertido en la especie dominante del planeta.

☛ Los restos fósiles muestran que el fuego se empleó para cocinar alimentos desde hace unos dos millones de años, aunque su uso no se generalizó hasta hace 400.000 años. Durante ese largo período los homínidos aprendieron primero a alimentar y conservar y después a encender fuego. Hasta hace muy poco, se creía que las primeras evidencias del dominio del fuego se encontraban en restos de recipientes calcinados encontrados en Israel y datados hace entre 700.000 y 800.000 años, pero recientemente se han hallado fragmentos de huesos de animales quemados en la cueva de Wonderwerk, en el centronorte de Sudáfrica, con una antigüedad de un millón de años. Es lo mismo. Probablemente sucedió varias veces, muchas veces, a lo largo de la Prehistoria. Se aprendió. Se olvidó. Desapareció. Se recuperó. Pero, sucediera como sucediese, ese descubrimiento nos cambió para siempre. Y, con nosotros, al mundo entero.

EDAD ANTIGUA

La batalla que decidió el destino de Roma

Publio Cornelio Escipión tenía fama de ser un hombre afable y sereno, pero hay días en que ni los más flemáticos pueden permanecer imperturbables.

Tenía treinta y cuatro años y llevaba desde los dieciocho luchando contra el mayor enemigo de la República romana, el general cartaginés Aníbal Barca. Ese día, 19 de octubre del año 202 a.n.e. (antes de nuestra era), si los dioses lo acompañaban, acabaría de una vez por todas con él.

El genio militar y la audacia de Aníbal estaban fuera de toda duda. Dieciséis años atrás había asediado y conquistado Sagunto, una ciudad situada en Hispania y aliada de Roma. Aquello supuso el inicio de la segunda guerra púnica entre Roma y Cartago, las dos potencias que se disputaban el dominio del Mediterráneo occidental. Desde entonces, el general cartaginés había dado sobradas muestras de su intrepidez. Con un ejército de más de 50.000 soldados de infantería, 9.000 jinetes y 37 elefantes cruzó los

Pirineos y los Alpes en una durísima travesía —durante la que perdieron la vida miles de hombres por el hambre y el frío— y penetró en Italia por el norte. Los romanos no se esperaban que nadie fuera capaz de hacer algo tan temerario y fueron cogidos de sorpresa.

El padre de Publio Cornelio Escipión, que era cónsul y general al mando de los ejércitos encargados de detener al invasor, trató de frenar el avance de Aníbal en la batalla del Tesino.

Con solo dieciocho años, el joven Escipión había participado en la lucha al frente de una turma, un escuadrón de caballería.

Llevaba el recuerdo de la jornada incrustado en su memoria. En un momento determinado, los jinetes púnicos consiguieron rodear a su padre. Publio, que había sido relegado a la retaguardia debido a su inexperiencia, lo vio todo. La situación del cónsul se volvía desesperada por momentos. En medio de la turbamulta, lo vio caer herido al suelo.

—¡El general está en peligro! ¡A la carga! —ordenó a sus hombres.

Pero estos vacilaron, pues la superioridad numérica del enemigo era abrumadora. Publio no se lo pensó dos veces: espoleó a su montura y cargó él solo contra los púnicos. Sus hombres, avergonzados, se lanzaron tras él.

Aquel día Publio salvó la vida de su padre, pero el ejército de Aníbal se alzó con la victoria y se lanzó a la conquista de Italia. Dos años después, en 216 a.n.e., romanos y púnicos volvieron a enfrentarse en Cannas, Apulia, al sudeste de la Península, en una de las batallas más sangrientas de la historia, en la que el general cartaginés mostró su genio estratégico y obtuvo una victoria tan asombrosa como aplastante. Pese a estar en inferioridad numérica, Aníbal destrozó a los ejércitos de Roma. Los historiadores no se ponen de acuerdo sobre las cifras, pero calculan que murieron entre 25.000 y 70.000 soldados romanos frente a 6.000 cartagineses. Aquella aciaga jornada, gran parte de Italia quedó bajo el control cartaginés.

Publio Cornelio Escipión participó también en la batalla de Cannas y sufrió en sus carnes, una vez más, la derrota.

Desde entonces los enfrentamientos se habían sucedido durante años mientras Roma quedaba cada vez más aislada, abandonada por sus aliados, acorralada. Los legionarios estaban desmoralizados y las deserciones se contaban por miles. La República se hallaba al borde del abismo.

En 212, los ejércitos enviados por el Senado romano a Hispania para tratar de cortar la línea de avituallamiento de los cartagineses fueron derrotados por Asdrúbal Barca, hermano de Aníbal.

Para Publio Cornelio Escipión, aquella no fue una derrota más: su padre y su tío murieron en el enfrentamiento. Desde ese momento, la guerra contra el invasor ya no era solo una cuestión de honor o de supervivencia. Se había convertido en una cuestión personal.

Fue entonces cuando decidió dar el todo por el todo. En 210, con solo veinticinco años y pese a que carecía de una verdadera experiencia de mando, consiguió ser nombrado general gracias a su popularidad entre la plebe romana. Le enviaron a Hispania al frente de dos legiones.

Y allí, por fin, las cosas comenzaron a cambiar.

Desde muy pronto, Publio mostró una audacia y una resolución fuera de lo común. Sus hombres lo veneraban por su buen carácter y su ingenio, pero también porque era arrojado como el que más y porque no dudaba en lanzarse a lo más encarnizado del combate, codo con codo con sus legionarios como si fuera un simple soldado en vez de un general. Muchos, al verlo en acción, comenzaron a murmurar que estaba bajo la protección de los dioses romanos.

Y quizá tuvieran razón, porque consiguió darle la vuelta a la tortilla cuando ya todo parecía perdido. Tenía órdenes de permanecer a la defensiva, pero hizo caso omiso de ellas y obligó a sus hombres a marchar a toda velocidad hacia Carthago Nova, actual Cartagena, la principal base púnica en Hispania.

Tras recorrer unos 280 kilómetros en siete días, asediaron la ciudad, asaltaron sus murallas con escalas y, tras un feroz combate, la conquistaron.

El botín fue enorme, pero todavía mayor fue el efecto que tuvo la victoria sobre la moral romana: por primera vez se acarició la posibilidad de derrotar a sus más encarnizados enemigos. Carthago Nova fue el punto de inflexión de la guerra.

La fama de Publio crecía con cada nuevo enfrentamiento, con cada nuevo éxito. Su popularidad atrajo a muchas de las tribus celtíberas, hasta entonces aliadas de los cartagineses. Batalla tras batalla fue arrinconando a los púnicos hasta que, en 206 a.n.e., en la batalla de Ilipa, cerca de Hispalis, actual Sevilla, el ejército cartaginés de Hispania quedó aniquilado. Ese mismo año se rindió Gadir, Cádiz. Publio Cornelio Escipión había conseguido expulsar a los cartagineses de Hispania.

Desde entonces el poder de sus enemigos no paraba de menguar. El Senado de Cartago había obligado a Aníbal Barca a abandonar la península itálica y regresar con sus ejércitos a África para defender la ciudad. Publio celebró la decisión, pero sabía que Roma no tendría paz hasta que

Cartago fuera aplastada y decidió que la única forma de conseguirlo era enfrentándose a Aníbal en su propio territorio. En cierta forma, pensaba, era justicia poética: quería hacer lo mismo que Aníbal había hecho con Italia: atacar a sus enemigos a las puertas de su casa.

Por eso estaba allí, en la gran llanura de Zama, a unos ciento cincuenta kilómetros al sudoeste de Cartago, aquel 19 de octubre de 202 a.n.e., año 551 *ab urbe condita*, desde la fundación de Roma. Ese día, con la ayuda de los dioses, derrotaría por fin a Aníbal Barca en su propia tierra, vengaría a su padre y a Roma y pondría fin a la guerra.

La luz del amanecer comenzaba a despuntar. El sol africano iba alzándose por el este, una bola de fuego que barría las sombras y alejaba el frescor de la noche. La luz naciente reverberaba en lanzas y espadas, arrancaba destellos de corazas y cascos y desvelaba un impresionante espectáculo. Sobre la desnuda tierra ocre, miles de legionarios romanos y soldados cartagineses contenían la respiración. La noche había sido un pozo de susurros y ansiedades, pero finalmente el día había llegado y ya podían ver al enemigo.

Publio Cornelio Escipión permanecía imperturbable sobre su caballo, consciente de que sus oficiales lo observaban. La tensión, como siempre, se escondía en las tripas. Sabía que su ejército era menos numeroso y que estaba formado en parte por voluntarios y reclutas sin experiencia; sabía que se encontraba en tierra enemiga y que frente a él tenía a uno de los generales más brillantes y experimentados de la historia, al nivel del mismísimo Alejandro Magno, con un ejército de veteranos curtidos en las guerras en Italia y leales hasta la muerte a su general. Pero llevaba años estudiando sus tácticas y analizando sus movimientos. Confiaba en poder derrotarlo, aunque para hacerlo tuviera que mostrarse más astuto que el mismísimo Marte, el dios de la guerra.

Inmóvil, erguido, analizó la disposición de ambos ejércitos y meditó sobre lo que debía hacer a continuación. Su única ventaja era que había conseguido cortar el acceso de los cartagineses a las fuentes, y estos se habían pasado la noche en vela, sin comer, cavando pozos para encontrar agua. Entrarían en combate sedientos y cansados.

Aun así, lo que vio le impresionó. Frente a él se encontraba la mayor fuerza de combate que jamás habían contemplado esas tierras.

Publio había elegido una formación en tres líneas de infantería pesada armadas con *gladius* (espada) y *pilum* (jabalina): al frente los *hastati*, legionarios inexpertos; en segunda fila los *principes*, veteranos; y al final, en la reserva, los *triarii*, los más experimentados, sus mejores soldados. Todos ellos estaban precedidos por una nutrida fila de *velites*, la infantería ligera, con haces de jabalinas; a los lados, dispuestos para el ataque rápido, se disponía la caballería romana y la de sus aliados númidas, los jefes locales Masinisa y Decamas. Infantería y caballería sumaban unos treinta y seis mil hombres.

Frente a sus legiones aguardaba el ejército de Aníbal, que también había dispuesto a sus soldados en tres poderosas líneas de infantería flanqueadas por jinetes númidas. Más de cuarenta mil soldados y cuatro mil jinetes, a los que había que sumar un elemento aterrador: la primera línea del ejército cartaginés estaba formada por ochenta elefantes que barritaban nerviosos en la amanecida, presintiendo la inminencia del enfrentamiento.

La visión era sobrecogedora. Los elefantes le preocupaban, ya había comprobado antes los destrozos que aquellas bestias podían causar en sus filas. Aníbal contaba con ellos para desbaratar la formación romana y provocar el pánico.

Sin embargo, Publio lo había previsto y le tenía preparada una sorpresa al cartaginés. Solo esperaba que Aníbal no se percatara de los estrechos pasillos que separaban a las unidades romanas entre sí. Estaban pensadas para que los *velites* escaparan por ellos tras la primera acometida... y para algo más.

En silencio, tragó saliva e imploró a los dioses que sus hombres siguieran sus instrucciones.

Estaba a punto de dar la orden de ataque cuando algo extraño sucedió: la luz solar comenzó a desvanecerse.

Alzó la vista al cielo. Allá arriba, en el territorio de los dioses, se estaba produciendo un fenómeno muy poco habitual: un eclipse de sol. Escuchó el gemido colectivo de aprensión. Miles de pies inquietos levantaron una gran nube de polvo.

Por un instante, el mundo entero pareció contener la respiración. Publio aguardó. Aníbal aguardó. Romanos y cartagineses aguardaron. Los rumores rompían el silencio de las filas, la inquietud se extendía como un enjambre de avispas enfurecidas. Comprendió que muchos de sus hombres veían en el eclipse un presagio funesto.

Y no había nada peor que entrar en combate con el ánimo en contra.

—¡Febo está de nuestra parte! ¡Hoy se pondrá el sol sobre Cartago! —gritó.

Sus hombres escucharon sus palabras. Los más cercanos sonrieron, repentinamente animados, y asintieron.

Las repitieron para los que se hallaban más lejos. Publio vio cómo se extendían, de la misma forma en que el viento se extiende por un campo de espigas.

De los vientres, de las gargantas, de miles de pechos brotó una aclamación. Una simple frase y las tornas habían cambiado: Febo era el dios romano del sol, y si Febo estaba con ellos, solo podían vencer.

Poco a poco, el astro solar volvió a salir. Sobre la gran llanura de Zama resonó el toque largo de una corneta. Hubo un revuelo de órdenes. Ochenta elefantes, azuzados por sus guías, barritaron y se lanzaron a la carga.

Publio percibió el retumbar de aquellas poderosas patas sobre la tierra reseca. La piel de la llanura se convirtió en un gigantesco tambor. Tragó saliva y se encomendó a los dioses. La batalla que decidía el destino del mundo comenzaba.

Había ordenado a sus hombres que bruñeran las corazas y los cascos para deslumbrar a los elefantes enemigos. También había ordenado que se fabricaran cientos de cuernos y trompetas para desconcertar y confundir a los paquidermos.

Había llegado el momento. Dio la orden convenida. Los cuernos y las trompetas estallaron en una cacofonía infernal.

La carga de los elefantes se quebró. Un grupo de animales mal entrenados se frenó, dudó, retrocedió en desbandada contra su propia caballería, sumiéndola en la confusión. El resto siguió avanzando hacia el enemigo, pero Publio había previsto el movimiento.

—¡Abrid pasillos! —ordenó.

Como un solo hombre, *hastati*, *principes* y *triarii* ejecutaron el movimiento. Las bestias, al ver camino libre, se internaron por los corredores. Los legionarios las hostigaron desde los flancos con jabalinas y lanzas. La carga se convirtió en una carnicería. Los elefantes barritaban de furia y dolor mientras se desplomaban atravesados por cien lanzas, los hombres se desgañitaban presos de la furia divina del combate.

Publio contempló el espectáculo desde la grupa de su montura. El sudor perlaba su frente. Apartó una mosca que le rondaba la cara. El calor era cada vez más intenso.

Le alcanzó un nuevo retumbo. Se dio cuenta de que esta vez no eran las poderosas patas de los paquidermos las que lo provocaban: eran cascos, cascos de caballos. Dio gracias a los dioses porque Masinisa, el jefe númida aliado de Roma, siguiendo sus instrucciones, aprovechaba la confusión que los elefantes habían provocado en la caballería cartaginesa para lanzar una carga contra ellos con sus propios jinetes. Por el ala izquierda, los jinetes romanos e itálicos hicieron lo propio. Los púnicos, desbaratados, volvieron grupas y huyeron en desbandada, perseguidos de cerca por los hombres de Masinisa. Respiró hondo. La batalla había comenzado bien.

Sin embargo, era muy consciente de que nada estaba escrito todavía.

Aníbal ordenó avanzar a su primera línea. Un rugir de gargantas, un estruendo de metales y la infantería cartaginesa entró en acción, levantando a su paso una densa nube de polvo y arena que le nubló la visión. Solo el chirriar de las espadas, los gritos de los heridos, las órdenes ladradas al calor de la lucha...

Las dos primeras filas púnicas luchaban con coraje, pero las legiones romanas aguantaron la embestida e hicieron retroceder a sus enemigos, que terminaron retirándose en desbandada. Aun así, Publio no cantó victoria. Sabía que aquella era una batalla de desgaste y que Aníbal se guardaba una poderosa baza. Los romanos estaban poco hechos al sol africano y el núcleo del ejército cartaginés, los temibles veteranos que habían combatido en las tierras de Italia, se mantenían frescos, aguardando su turno, en la tercera fila. Se dio cuenta de que no podía permitir que sus hombres se enfrentaran a los veteranos cartagineses mientras permanecían desperdigados por el campo de batalla: sería una matanza.

—Dad orden de reagruparse —ordenó a sus ayudantes.

Resonaron las trompetas. Los legionarios comenzaron a recuperar la formación con esfuerzo. Los muertos y los heridos obstaculizaban sus movimientos, pero finalmente las filas adoptaron otra vez la posición de ataque. Los cartagineses aprovecharon la pausa para hacer lo mismo y lo que quedaba de ambos ejércitos comenzó a avanzar.

El sol estaba ya alto y el calor era infernal cuando se produjo el choque decisivo.

Durante un interminable lapso, el resultado fue incierto. Luego, los veteranos púnicos comenzaron a ganar terreno. Publio vio que sus legiones estaban a punto de desmoronarse. Tenía que hacer algo.

Sin pensárselo dos veces, se lanzó al combate espada en mano, como uno más. Los infantes le reconocieron y el ejemplo de su general les devolvió las fuerzas perdidas.

—*¡Ad portas!* ¡A las puertas! —gritaba Publio. Durante años, los romanos habían utilizado esa expresión para expresar el temor que les producía lo cerca que los ejércitos de Aníbal se hallaban de Roma. Pero ahora eran las puertas de Cartago las amenazadas y el grito no era ya de temor, sino de esperanza.

—*¡Ad portas!* —corearon sus hombres, y la idea de que la victoria final sobre tan odiado enemigo estaba cerca insufló nuevos ánimos en los agotados brazos.

Pero aun así no era suficiente. Las legiones retrocedían. Los hombres estaban extenuados. Todo pendía de un hilo. Publio, *gladius* en mano, ajeno al sudor que le empapaba las ropas, al polvo, la sangre y la muerte, luchaba denodadamente. Ya le faltaba fuerza en los brazos, ya le fallaban las piernas. Pero no podía detenerse.

Roma se jugaba su supervivencia.

Y en ese instante, al borde mismo del fracaso, algo cambió las tornas. La caballería de Masinisa, tras perseguir a los jinetes cartagineses, regresó a la batalla, y lo hizo en el momento decisivo y por la espalda de los infantes púnicos. El ataque fue tan inesperado que las tropas de Aníbal, atrapadas entre dos frentes, se derrumbaron.

Lo que siguió fue una matanza.

Por primera vez en su vida, Aníbal Barca había sido derrotado. Con él se desvanecía la última esperanza de Cartago.

—*Consummatum est* —murmuró Publio, extenuado, feliz, aclamado por sus hombres, con las pupilas brillando por la emoción. Está consumado. Tras dieciséis años de guerra, durante los cuales la República romana había estado una y otra vez al borde del precipicio, Cartago había sido derrotada. Había vengado a su padre y a su tío y restaurado el honor y el poder de Roma.

Con solo treinta y cuatro años acababa de convertirse en el más glorioso general romano hasta la fecha. La historia le conocerá como Escipión el Africano.

☛ En Zama quedó desbaratado el ejército cartaginés, que sufrió, según la mayoría de los autores, más de 20.000 bajas. Otros tantos fueron hechos prisioneros.

☛ Tras la derrota, Cartago perdió sus posesiones ultramarinas y Roma se alzó como la gran potencia de la época. Las dos ciudades todavía se enfrentaron una vez más, en la tercera guerra púnica, entre 149 y 146 a.n.e., una guerra breve que terminó con la destrucción de Cartago. Pero fue en Zama donde Roma humilló a la única potencia capaz de disputarle el dominio del Mediterráneo occidental y le obligó a pagar la exorbitante cantidad de 260.000 kilos de plata en concepto de reparaciones de guerra.

☛ El decisivo apoyo del rey númida Masinisa fue recompensado con el dominio sobre las antiguas posesiones africanas de Cartago, bajo la autoridad de Roma.

☛ Aníbal Barca huyó de Zama y se refugió en distintas cortes orientales, donde sirvió como general mercenario. Se suicidó con veneno en 183 a.n.e. tras descubrir que iba a ser entregado a los romanos.

☛ Publio Cornelio Escipión se convirtió en el héroe de Roma. Sus propios soldados le concedieron el sobrenombre de Africano; el historiador Tito Livio cuenta que fue «el primer general en ser distinguido con el apelativo del pueblo vencido por él». Durante su regreso a Roma las gentes salían al camino para recibirle y aclamarle. Fue nombrado senador y, en 199 a.n.e., censor. En 194 a.n.e. accedió al consulado por segunda vez y en 190 a.n.e. recibió el título de *princeps senatus*, «el primero de los senadores». Sin embargo, tanta popularidad le ganó también profundos odios y enconados enemigos, que conspiraron contra él y lo acusaron de enriquecerse y aceptar sobornos.

☞ Cansado de la política, Publio Cornelio Escipión se retiró a su finca de Literno, cerca de Nápoles, donde falleció en 183 a.n.e. Curiosamente, el mismo año en que se suicidó Aníbal Barca.

EDAD MEDIA

EL INVENTO QUE NOS ENSEÑÓ A PENSAR

Estrasburgo, 1439

Johannes Gutenberg atravesó la plaza que se abría ante la catedral con el paso vivo que le era propio. Le gustaba caminar a buen ritmo, le ayudaba a concentrarse en sus pensamientos y disuadía a los conocidos de la tentación de detenerlo para charlar. Si es que alguno albergaba tan peregrina idea pese a la fama de arisco que cultivaba con esmero.

Como si no tuviera otra cosa que hacer que gastar el tiempo en conversaciones banales. Y menos aquel día, en que se dirigía al tribunal de la ciudad para escuchar un veredicto que podía dar al traste con sus esfuerzos de los últimos años.

Unos pasos más adelante, todavía en la plaza, algo lo sacó de sus reflexiones. Se detuvo y echó un vistazo extrañado en derredor. La amplia explanada estaba ocupada por los corrillos habituales de ociosos, mercaderes, clérigos, escribanos que ofrecían sus servicios a los que no sabían escribir, mendigos, descuideros y peregrinos. El rumor de las conversaciones, los relinchos de las caballerías y el rechino de las ruedas de los carros era el habitual, pero tras la cháchara cotidiana percibió un silencio desacostumbrado.

Tardó un instante en darse cuenta del motivo: no se oía el estruendo habitual de mazos y cinceles, ni el golpeteo de los martillos de los carpinteros.

Alzó la cabeza y observó, como si la viera por primera vez, la inmensa mole de la catedral. Era un edificio asombroso, una fachada de tres cuerpos rematada por una torre que dominaba la ciudad. Una masa de piedra que, no obstante, parecía ligera, casi etérea, como si estuviera hecha de la materia de los sueños.

Habían tardado cuatro siglos en levantarla, pero finalmente, ese año de 1439, acababan de poner la última piedra. Ahí estaba, orgullosa y firme para la eternidad.

Arrebujándose en su grueso abrigo de paño, suspiró con desazón. Cuatro siglos. A veces se preguntaba si también a él le llevaría cuatro siglos poner en marcha su proyecto.

La idea se le había ocurrido de repente, casi como una iluminación divina. Oh, desde luego que sabía que no era original. La reproducción de textos e imágenes en papel con planchas de madera entintadas era frecuente, e incluso había oído hablar de un impresor de Haarlem que en vez de planchas utilizaba tipos móviles, pequeñas piezas con letras o signos con los que se podía componer cualquier texto. Pero se trataba en todos los casos de técnicas defectuosas que permitían obtener resultados mediocres a un elevado precio.

Él buscaba algo más. Estaba empeñado en desarrollar un mecanismo que permitiese realizar copias de textos tan perfectos que no se diferenciasen de las realizadas por los escribanos. Obras de arte mecánicas, esa sería la verdadera revolución.

Cuando se le ocurrió la idea, hacía ya varios años, le pareció brillante. No estaba exenta de dificultades, pero supo al instante que era la persona adecuada para superarlas.

¡A fe que lo era! Procedía de una familia de patricios acomodados. Su padre había sido orfebre y director de la Casa de la Moneda de Maguncia, y Johannes había aprendido desde niño todos los secretos de la orfebrería y la acuñación de monedas. Se le daba bien. Siempre había sido despierto, le gustaba investigar nuevas técnicas y desarrollar nuevos procedimientos.

Pero la vida parecía empeñada en ponerle trabas. La familia había tenido que abandonar Maguncia e instalarse en Eltville, una pequeña población cercana al Rin en la que su madre poseía una casa y tierras heredadas, debido a una disputa entre patricios de Maguncia motivada por la elección del alcalde. Después, en 1419, cuando Johannes estaba iniciando sus estudios universitarios, la muerte de su padre supuso un duro golpe, tanto económico como sentimental. Tras los estudios había regresado a Eltville, pero el fallecimiento de su madre en 1433 lo había decidido a trasladarse a Estrasburgo para instalarse como orfebre.

Llevaba cinco años en aquella ciudad. Allí se le había ocurrido la forma de crear su *machina impressoria*, pero sus esfuerzos por ponerla en marcha todavía no habían dado frutos. A menudo tenía la sensación de que por cada paso que avanzaba retrocedía dos. Todo eran problemas, cuestiones técnicas que resolver, retos que superar... Y, por si fuera poco, aquel juicio.

El diseño y la construcción de su máquina de imprimir requería de mil ensayos. Era preciso encontrar soluciones para cada nuevo escollo. Eso resultaba caro, muy caro, de ahí que el año anterior hubiera llegado a un acuerdo con tres acaudalados ciudadanos de Estrasburgo, Hans Riffe, Andreas Dritzehn y Andreas Heilmann, por el que se comprometía a enseñarles las técnicas de la talla de piedras preciosas y el pulimento de espejos a cambio de dinero.

Al frecuentar su taller, sus pupilos habían terminado por descubrir sus experimentos. Johannes era muy consciente de la necesidad de llevar todo el proceso en secreto. Temía que otros se aprovecharan de sus descubrimientos y le arrebataran la gallina de los huevos de oro.

Sabía lo que se traía entre manos. Era consciente de que su invento marcaría un antes y un después, al menos si conseguía ponerlo en marcha alguna vez, pero ese no era el motivo que le impulsaba a perseverar.

Sí, de cuando en cuando fantaseaba con la fama y la inmortalidad, pero en el fondo tales cuestiones se le daban una higa. No pretendía que le recordaran como un gran inventor. Solo quería fabricar algo útil. Le apasionaba crear mecanismos útiles y bellos. Y, sobre todo, buscaba que su invento le permitiera vivir cómodamente el resto de sus días.

Pero para lograrlo necesitaba dinero, así que terminó explicando a sus pupilos su proyecto y ofreciéndoles convertirse en socios capitalistas. De esa forma, conseguiría financiación y garantizaría su silencio, pues sus intereses serían los mismos. Además, uno de ellos, Andreas Heilmann, era propietario de un molino de papel. Y Dios sabía que iba a necesitar mucho papel.

Los tres aceptaron sus condiciones. Firmaron un contrato y abonaron una buena cantidad de florines con los que Gutenberg pudo encargar a un carpintero la construcción de una prensa y adquirir plomo y otros metales para encontrar la mejor aleación con la que fabricar tipos móviles, las formas intercambiables que eran la base del invento.

Las cosas, por fin, estaban en marcha.

Pero la vida no estaba dispuesta a darle tregua. Unos meses después, uno de sus nuevos socios, Andreas Dritzehn, tuvo la mala idea de morirse. Sus hermanos y herederos exigieron entrar en el negocio en vez del fallecido. Gutenberg se negó y todo había terminado en los tribunales.

—¡Johannes, ¿qué hacéis ahí? El tribunal está ya en la sala...

Se había quedado parado en medio de la plaza, contemplando con la boca abierta la catedral como si fuera uno de esos peregrinos que acudían a la ciudad. Enfadado consigo mismo, se volvió hacia el hombre que se le acercaba, que se protegía del frío con una gruesa pelliza de piel. Era Hans Riffe, uno de sus socios. Soltó un gruñido a modo de saludo y ambos se dirigieron al cercano edificio del concejo.

Gutenberg estaba de mal humor. Fuera cual fuese el dictamen del tribunal, no podía dejar de pensar que la mayor parte del daño ya estaba hecho. Anticipándose a una posible reclamación de los herederos, había destruido los tipos móviles cuando su socio Dritzehn estaba todavía agonizando. Bajo ningún concepto quería exponerse a que una sentencia contraria le obligase a hacer público el resultado de sus investigaciones. O a entregar los tipos.

Los hechos le habían dado la razón. Durante el juicio se habían desvelado pormenores del proceso: la existencia de la prensa, los tipos móviles de metal, los moldes de fundición... Faltaban muchos detalles, pero aquello era suficiente para que algún listo atara cabos. No podría reproducirlo, ni siquiera él había conseguido solventar todas las dificultades, pero sería suficiente para ponerlo en el camino.

El problema era que, al quedarse sin tipos, también él tendría que volver a empezar.

Una hora después, Hans y Johannes salieron del edificio municipal.

—Enhorabuena, Johannes —lo felicitó Riffe, dándole una palmada en la espalda.

El tribunal había dictaminado que en los términos del contrato no se contemplaba la eventualidad del fallecimiento de uno de los socios ni, por tanto, la necesidad de compensar económicamente a sus herederos.

Gutenberg asintió, medio ensimismado. La resolución le había quitado un peso de encima porque le evitaba tener que pagar a los herederos una cantidad de florines que no poseía, pero su cabeza ya estaba en otra cosa. Comenzó a alejarse sin siquiera despedirse.

—¿Adónde vais, Johannes, por Dios? —Le detuvo su socio con una mano en el hombro.

Gutenberg pareció sorprenderse al ver a Hans todavía a su lado.

—A empezar de nuevo. ¿Adónde, si no? —Y, sacudiéndose la mano de su socio, apresuró el paso para regresar a su taller—. ¡Hay mucho que hacer!

Estaba determinado a llegar hasta el final. Costara lo que costase.

¿De dónde vienen las ideas? ¿Cómo surgen los inventos que revolucionan el mundo, por qué se producen en una época y no en otra?

Johannes Gutenberg, probablemente, nunca perdió el tiempo con tales reflexiones. Era un hombre brillante, pero su genialidad tenía un carácter práctico. Su mente era la de un ingeniero y su campo la forja del metal, el pulido de piedras, la orfebrería.

Sin embargo, si lo hubiera pensado es muy probable que hubiera llegado a la conclusión de que no existe el genio aislado, al margen del mundo.

El conocimiento se construye por acumulación: pequeños avances que posibilitan los siguientes, pruebas y errores que van cristalizando en nuevos conceptos. Darwin, cuatro siglos después, desarrolló su decisiva teoría de la evolución justo al mismo tiempo que Alfred Russel Wallace, y ambos pudieron hacerlo porque se basaban en los conceptos que flotaban en el ambiente en su época. La genialidad de los dos estribó en que fueron capaces de ver lo que todos tenían delante de los ojos, reunir las pistas y construir con esos elementos sueltos algo nuevo, sólido y hermoso que explicaba y superaba lo anterior.

Gutenberg hizo lo mismo. En realidad, en el siglo XV la imprenta ya tenía una larga historia, hasta el punto de que había sido inventada varias veces en lugares muy distantes entre sí.

La cultura mesopotámica utilizaba, allá por el tercer milenio a.n.e., cilindros que se hacían rodar sobre láminas de arcilla para reproducir los grabados.

Los cretenses también utilizaban la impresión, e incluso, quizá por primera vez en la historia, los tipos móviles: en 1908 se descubrió un disco datado en el segundo milenio a.n.e., el Disco de Festos, que parece impreso con caracteres móviles.

Los chinos, a partir del siglo II de nuestra era, utilizaron bloques de piedra, cerámica y madera para imprimir textos, primero sobre telas y posteriormente sobre papel. Incluso reinventaron los tipos móviles gracias a los trabajos del calígrafo y alquimista Bi Sheng, que creó unos tres mil tipos con los caracteres más habituales del idioma chino.

Sin embargo, fue en el siglo XIII y en Corea donde se utilizaron por primera vez de forma amplia los tipos móviles de metal. Aunque hubo obras anteriores, la más antigua que se conserva (de las impresas con tipos metálicos) es la conocida como *Jikji*, un documento budista impreso en 1377 en Corea.

Pero estos sistemas de impresión nunca alcanzaron gran difusión. El escollo radicaba en el sistema de escritura de las principales lenguas asiáticas, que utilizaban cerca de ochenta mil signos diferentes, una cantidad desorbitada para que dispusiera de ellos un impresor.

En Europa, a finales del siglo XIV comenzaron a utilizarse técnicas de impresión con bloques de madera (xilografía). Alcanzaron gran éxito, sobre todo para reproducir imágenes religiosas, calendarios y naipes, pero resultaban poco prácticas debido a que la madera se desgastaba pronto al contacto con la tinta y a que para corregir cualquier error debía tallarse una nueva plancha completa.

La solución fue la reinvención, una vez más, de los tipos móviles: pequeñas piezas intercambiables, cada una con una letra tallada, de forma que podían combinarse para componer textos de forma rápida. Si además se fabricaban en metal, duraban mucho más.

No se sabe con certeza quién fue el creador de estos primeros tipos móviles de la Europa medieval. Hay varios candidatos, entre ellos un orfebre de Praga afincado en Aviñón, Procopio Waldvogel, que hacia 1446 decía conocer un «arte de escribir artificialmente» y aseguraba poseer alfabetos de acero y una prensa con tornillos de hierro. El más serio candidato a arrebatarle el mérito a Gutenberg parece ser el neerlandés Lorenzo Janszoon, llamado Coster por su oficio («sacristán», en flamenco), que pudo haber inventado el tipo móvil hacia 1420, dos décadas antes de Gutenberg. Parece probado que Coster usaba tipos móviles de madera, pero no está claro si consiguió forjar también tipos metálicos y, de todas formas, no desarrolló un sistema eficiente de impresión.

Hacia 1430, la impresión con tipos metálicos flotaba en el ambiente. Gutenberg no era el único que trataba de desarrollar un sistema de impresión eficiente basado en el uso de planchas metálicas, lo que justifica su preocupación por mantener el secreto de sus progresos. Él no inventó la impresión, ni los tipos móviles, ni la prensa, los punzones o las matrices. Pero, al igual que Darwin y Wallace unos siglos después, hizo algo mucho más decisivo: fue capaz de reunir todos esos elementos que flotaban en el ambiente, pulirlos, perfeccionarlos y construir con ellos algo nuevo, sólido y hermoso, un mecanismo tan perfecto que permaneció básicamente inalterado hasta el siglo XIX.

Y además, aunque esto no sea mérito suyo, lo hizo en el momento exacto para su difusión: a las puertas del Renacimiento y en pleno auge de la burguesía urbana, cuando una cada vez más numerosa parte de la población, enriquecida económicamente, buscaba acceder al conocimiento; y justo antes de la Reforma protestante, que despertó el interés por leer la Biblia en lenguas vernáculas.

Maguncia, 1455

Johannes Gutenberg sentía que la sangre corría por sus venas con la fuerza de un torrente de montaña en primavera. Fuera del taller hacía frío, todavía era febrero, pero en el interior se respiraba un ambiente caldeado por la expectación.

Echó un vistazo a los presentes. A su izquierda se hallaba Johann Fust, su socio capitalista, vestido con un jubón negro bordado en oro y tocado con un sombrero emplumado. Tenía más o menos su edad, unos cincuenta y cinco años, y su larga barba era ya más blanca que castaña.

Lo conocía desde hacía años y su relación hasta el momento había sido provechosa. Se trataba de un rico burgués, un personaje dinámico y emprendedor, siempre atento a nuevas oportunidades de negocio. Tras abandonar Estrasburgo e instalarse en Maguncia, Gutenberg había recurrido a él porque, como siempre, necesitaba dinero para continuar con sus experimentos. En 1448 Fust le había prestado ochocientos florines, una cantidad muy considerable.

Pero, una vez más, no había resultado suficiente. Tras ese préstamo inicial vino otro, y al final Fust, que sabía bien lo que hacía al apostar por su máquina de imprimir, había terminado convirtiéndose en su socio.

«Y ha funcionado», pensó Gutenberg en ese momento, al verlo a su lado. Sintió un cosquilleo de nervios y exaltación en las sienes. Justo a tiempo. La relación con su socio no pasaba por el mejor de los momentos. Fust llevaba meses exigiéndole resultados, cada vez con mayor aspereza. Se le agotaba la paciencia. Se quejaba de la obsesión por la perfección de Gutenberg. No veía llegado el día de recoger los beneficios de su inversión.

En aquel instante, su socio volcaba toda su atención en Peter Schöffer, su ayudante, que realizaba los últimos ajustes en la prensa.

Gutenberg se frotó las sienes con las palmas de las manos y se fijó en lo que estaba haciendo este. Llevaban años trabajando juntos y Peter dominaba el proceso, pero no pudo evitar seguir sus manipulaciones con el alma en un puño, pendiente de cada movimiento como si temiera que algo fuera a salir mal.

No era para menos. Estaban preparando la última plancha de su Biblia. Ese día, si todo iba bien, culminaría el trabajo de su vida.

¿Cuántos obstáculos había tenido que superar para llegar a aquel punto? ¡Si lo hubiera sabido dos décadas atrás, cuando se le ocurrió el sistema de los tipos móviles, si hubiera imaginado la de dificultades que tendría que sortear, el tiempo que le iba a llevar hacer realidad su idea!

El primer problema, el más complicado, había sido la creación de los tipos móviles metálicos. Tuvo que encontrar un metal fácil de moldear pero lo suficientemente resistente para que los tipos pudieran ser utilizados cientos de veces. Había realizado una gran cantidad de pruebas a lo largo de los años hasta encontrar una aleación satisfactoria con plomo, estaño, antimonio y bismuto.

Después tuvo que crear un sistema de fabricación eficaz. Poco a poco, probando y descartando opciones, consiguió establecer una compleja secuencia que iba desde la talla de las letras y signos en punzones de acero hasta la elaboración de matrices de cobre y moldes de diferentes anchuras.

Tras ello, se dio cuenta de que los tipos debían de tener la misma altura si quería que se imprimieran todos en el papel, lo que le había obligado a establecer medidas estándar y a fabricar los tipos con precisión de relojero. Tuvo que probar con diferentes modelos de la misma letra, una y otra vez, hasta conseguir que todas se ajustaran en altura.

Una vez elaborados los tipos tuvo que buscar la forma de organizarlos para componer las páginas; lo consiguió creando cajas de madera con cajetines para guardar las letras y los signos, regletas para componer las líneas, un bastidor para sujetar el papel, etc.

Ya desarrollado todo el sistema, había llegado el momento de enfrentarse a otro problema: la tinta. Hasta entonces existían dos formas diferentes de elaborar tinta: una se basaba en una mezcla de carboncillo con agua y goma arábiga y otra utilizaba una disolución de taninos extraídos del roble y sales de hierro. Cada escribano solía poseer su propia fórmula, en muchos casos con componentes secretos.

El problema era que ninguna de las fórmulas tradicionales servía para la impresión con tipos metálicos. Gutenberg necesitaba una tinta que se adhiriera al metal, pero que no dañara el papel cuando el tipo se despegara. Tras múltiples pruebas la consiguió mezclando aceite de linaza con negro de humo, cobre, plomo y titanio.

Finalmente, para imprimir los tipos en el papel adaptó una de las prensas de uvas habituales en la zona del Rin, a la que sujetó el soporte con los tipos móviles.

Todo aquel interminable proceso le había robado los últimos veinte años. Había dedicado lo mejor de su vida a construir la máquina que tenía frente a él. Ya la había probado con algunas obras menores, impresas para pulir el sistema y obtener beneficios que calmasen a Fust, entre ellas un poema, calendarios e indulgencias para la cruzada a favor de Chipre.

Pero ninguna de esas obras podía compararse con la que estaba a punto de terminar: una Biblia de 1.284 hojas y cuarenta y dos líneas por página. Una obra maestra, indistinguible de los mejores ejemplares salidos de las manos de los copistas, con la letra tan clara que podía leerse sin gafas. Un trabajo titánico que les había exigido cinco años de dedicación.

—¿Maestro? —Se dio cuenta de que tanto Peter como Fust estaban observándole—. Cuando queráis...

Gutenberg examinó la disposición de la prensa. La galera ya estaba dispuesta en el cofre y Peter acababa de entintar los tipos con los tampones. El papel se encontraba en el bastidor.

Sintió un vértigo extraño y hubo de apoyarse en la mesa que tenía cerca. Se daba cuenta de que los dos hombres no le quitaban la vista de encima.

Todo estaba preparado.

Asintió con una media sonrisa y se acercó a la imprenta. Cerró el bastidor con el papel sobre la galera y, en completo silencio, concentrado en su tarea, empujó el cofre hasta que este quedó bajo el tornillo de la prensa. Después, con la familiaridad de la práctica, sujetó la barra e hizo fuerza para atraerla hacia sí. La prensa descendió y presionó el papel del bastidor contra los tipos.

Volvió a empujar la barra y extrajo el cofre. Abrió el bastidor y contempló la última página de su Biblia, tan perfecta como si hubiera sido reproducida a mano.

Sintió que se le empañaban los ojos.

Lo había conseguido.

☛ Hasta hace poco tiempo se consideraba que el primer libro tipográfico del mundo occidental (el primero impreso por el sistema desarrollado por Gutenberg) era el llamado *Misal de Constanza*, que se creía era de 1449. Sin embargo, las investigaciones más recientes aseguran que este misal no pudo imprimirse antes de 1473 debido al tipo de papel utilizado, por lo que no pudo ser obra de Gutenberg.

☛ Aunque hoy todos conocemos el nombre de Gutenberg y su contribución a la cultura, la mayor parte de su vida nos resulta desconocida y lo que damos por cierto se basa en conjeturas. Lo poco que sabemos de él con certeza se debe a los documentos públicos sobre sus pleitos, como el de Estrasburgo de 1439 o el que entabló con el propio Johan Fust justo después de terminar la impresión de la *Biblia de 42 líneas*, cuando este le acusó de emplear el dinero que le había prestado para otros menesteres distintos de la impresión de libros. Este último pleito, por cierto, lo ganó Fust, que se quedó con la imprenta (y con el ayudante, Peter Schöffer). Ambos publicaron obras de gran belleza y éxito, como el *Salterio Mainzer*, el primer libro del mundo que llevó el nombre de su editor.

☛ Pese a perderlo todo, Gutenberg consiguió volver a montar un nuevo taller en el que imprimió algunas obras menores. Pasó unos años muy duros, acosado por sus acreedores, hasta que el arzobispo de Maguncia, Adolfo II de Nassau, le concedió en 1465 una pensión anual. La disfrutó poco tiempo, pues falleció el 3 de febrero de 1468.

☛ La *Biblia de 42 líneas*, también conocida como *Biblia de Gutenberg*, tardó entre tres y cinco años en ser impresa. Se desconoce el número exacto de ejemplares, pero se cree que se imprimieron unos ciento cincuenta en papel y treinta y cinco en pergamino. Todavía hoy está considerado el libro más hermoso jamás impreso. Solo se conservan doce ejemplares en pergamino (y de ellos, solo cuatro completos) y treinta y cinco en papel (de los cuales solo están completos diecisiete).

☛ Hacia el año 1500, solo cuarenta y cinco años después de la escena narrada, se habían publicado ya entre quince y veinte millones de ejemplares de libros impresos, un número mayor que los manuscritos copiados en los mil años precedentes.

☛ A partir de 1500, Europa comenzó a convertirse en un continente alfabetizado. El proceso se vio impulsado por la Reforma religiosa, que incentivó el deseo de aprender a leer de grandes capas de la población europea que deseaban acceder por sí mismas, sin la intermediación de la Iglesia, a los textos que consideraban sagrados.

☛ Las consecuencias del desarrollo de la imprenta son incalculables. Provocó una revolución cultural sin precedentes, democratizó el acceso a la cultura y produjo profundas transformaciones políticas, religiosas y artísticas.

☛ La escritura sustituyó a la tradición oral como forma de transmisión del conocimiento. Se convirtió en el medio de difusión de nuevas ideas e impulsó el desarrollo de las literaturas nacionales al incrementarse la demanda de libros por parte de los cada vez más numerosos lectores.

☛ La imprenta tuvo otros efectos colaterales curiosos: potenció los estudios ópticos y la industria de las lentes cuando muchos lectores comenzaron a demandar gafas para leer. Además, redujo la cabaña ganadera en Europa debido al descenso de la demanda de pieles: para fabricar el pergamino de cada una de las Biblias de Gutenberg fue necesario sacrificar ciento cincuenta carneros; en cambio, se desarrolló la industria del papel.

☛ Probablemente, la consecuencia más trascendental de la invención de la imprenta fue que la Iglesia perdió el monopolio de la cultura, mantenido durante siglos gracias a los monjes copistas de los monasterios. El resultado fue que se incrementó la libertad de pensamiento y se inició el camino que llevaría a la Ilustración. Por eso, no es aventurado afirmar que la imprenta de Gutenberg nos enseñó a pensar.

EDAD MODERNA

La primera vez que dimos la vuelta al mundo

La noticia cayó como un jarro de agua helada sobre la piel desnuda de los expedicionarios.

Muerto. Magallanes estaba muerto.

La enormidad del hecho demudó los semblantes y abatió los cuerpos, como si un espíritu maligno les hubiera arrebatado el vigor. No es que el capitán general fuera un hombre estimado, antes bien al contrario: agrio de carácter, desconfiado y tiránico con sus subordinados, la mayor parte de estos se limitaban a cumplir sus órdenes y soportarlo como buenamente podían. Solo algunos, como el cronista italiano Pigafetta, lo defendían a capa y espada.

No, Fernando de Magallanes no era un hombre apreciado. Pero había sido el artífice de la empresa, el responsable de que se encontraran allí, en el fin del mundo, bajo aquel implacable sol tropical, persiguiendo quimeras.

La Armada de la Especiería había zarpado de Sevilla con cinco naves y casi dos centenares y medio de hombres en agosto de 1519. Tras un año y nueve meses de navegación solo quedaban tres naves y unos ciento treinta hombres.

Y ahora Magallanes estaba muerto.

Todo el suceso había sido un absurdo empecinamiento del capitán general, cada vez más ciego y ensoberbecido. No hacía un mes que habían arribado a las islas de San Lázaro, como las bautizaron, tras un infernal periplo a través del océano Pacífico durante el cual perdieron veintiún hombres por el hambre o el escorbuto.

Los indígenas de aquellas islas remotas eran hospitalarios. Tras una semana de descanso para recuperar las fuerzas se dedicaron a recorrerlas, con tanta calma que muchos comenzaron a preguntarse qué tramaba el capitán general, si se habría olvidado de que su verdadero objetivo era alcanzar las islas Molucas. No debían de estar lejos ya, pero Magallanes parecía embelesado por las islas de San Lázaro y no mostraba señales de querer abandonarlas.

El 7 de abril, en la isla de Cebú, se presentaron ante el rey Humabón, un individuo bajo, grueso y astuto que se rodeaba de mucho boato y que parecía gobernar sobre un territorio de cierta amplitud.

Unos días después celebraron una misa solemne a la que asistieron muchos nativos, entre ellos el propio Humabón. El rey quedó tan admirado por la belleza del rito católico que solicitó convertirse.

Aquello despertó algo oscuro en la cabeza de Magallanes. Profundamente religioso, el deseo de Humabón le provocó un ataque de celo misionero. Ordenó al padre Valderrama que catequizara al rey y solo unos días más tarde, el 14 de abril, se celebró con gran solemnidad su bautizo y el de la reina.

Fue el inicio de una avalancha. Una semana después se habían bautizado más de dos mil indígenas.

Magallanes estaba eufórico. Al celo religioso se unía su poderosa ambición. Quería convertir a Humabón en el principal vasallo del rey de España en aquellas islas y someter a todos los demás reyes del archipiélago a su autoridad. Las capitulaciones que había firmado con Carlos I le convertían en gobernador y adelantado de todas las tierras que descubriese. Si conseguía convertir a Humabón en súbdito del Emperador, sus sueños de poder y riqueza se verían colmados.

Y ahí fue cuando se torcieron las cosas.

Humabón pidió ayuda a Magallanes para someter a dos reyes de una pequeña isla vecina, Mactán. Este se apresuró a ofrecérsela: era su oportunidad de demostrar el gran poder de las armas castellanas.

El primer rey, Zula, se sometió para evitar el ataque castellano, pero el otro, el belicoso Cilapulapo (o Lapulapu), rechazó a los extranjeros de forma tajante.

Se imponía, por tanto, derrotarlo. Zula ofreció su ayuda y Humabón puso a disposición de Magallanes dos mil guerreros.

Pero el capitán general se negó.

—Para tal empresa se bastan y sobran mis hombres. ¿Pues no habéis comprobado ya el terrible poder de nuestras armas? —Al arribar a la isla, Magallanes había ordenado una estruendosa demostración con los cañones que asombró y atemorizó a los nativos.

Sin embargo, sus subordinados no las tenían todas consigo. Trataron de disuadirlo de que encabezara la expedición y de convencerlo para que aceptara la ayuda indígena, pero Magallanes ya no escuchaba a nadie, salvo a su ambición y su fervor. Iba a demostrar el poder de su dios y el del rey de España de forma definitiva. Decidió que para derrotar a Cilapulapo y sus hombres bastaba con medio centenar de castellanos.

El grupo desembarcó en Mactán al amanecer del 27 de abril de 1521. La marea estaba muy baja y los arrecifes les impidieron acercarse a tierra para fondear. Se vieron obligados a avanzar varios cientos de metros con el agua hasta la cintura cargados con corazas, espadas, lanzas, arcabuces y ballestas.

En la orilla les aguardaban más de mil quinientos guerreros. Unos cuantos expedicionarios habían quedado en las chalupas al cargo de unas bombardas con las que pretendían causar pavor entre los enemigos, pero la distancia era tal que su efecto fue nulo. Los disparos de los arcabuces tampoco consiguieron el efecto deseado en aquella compacta masa humana que no dejaba de aullar. Para tratar de disuadirlos, Magallanes ordenó quemar un grupo de chozas que había en la playa.

Fue una mala idea: los nativos, lejos de intimidarse, se enfurecieron.

Los guerreros se dividieron en tres grupos y se lanzaron al ataque por el frente y ambos flancos, rodeándolos, impidiéndoles la huida y convirtiéndolos en blancos de sus flechas y sus lanzas, que chocaban contra las corazas metálicas con un repiqueteo siniestro. Los castellanos devolvieron el ataque con ballestas, pero la mayor parte de los dardos se incrustaban en los escudos de madera de los indígenas.

El estruendo era tremendo, un clamor de gargantas y pólvora.

Resistieron a pie de playa durante casi una hora, hasta que Magallanes asumió la magnitud de su error. Ordenó a sus hombres que se retiraran, pero nadie le oyó. En ese momento, una flecha le alcanzó en el desprotegido muslo derecho.

—¡Retirada! —volvió a gritar, tragándose el dolor.

Esta vez le oyeron. Los castellanos comenzaron a retroceder hacia las lejanas barcas mientras el cronista italiano Pigafetta y un puñado de hombres rodearon a Magallanes para protegerlo de las jabalinas y las flechas. Al darse cuenta de que la herida de la pierna le impedía avanzar, lo levantaron entre tres, pero un poco más allá se vieron obligados a dejarlo de nuevo en el suelo para defenderse de la horda que les rodeaba.

Un indígena alcanzó con su lanza el rostro de Magallanes. Este, desesperado, atravesado por el dolor y enardecido por la furia, sacó su espada, pero antes de que pudiera blandirla volvieron a alcanzarle, esta vez en el brazo.

Los atacantes se estaban dando cuenta de que aquellos orgullosos extranjeros no eran inmortales. El griterío se volvió ensordecedor.

Una turba se les echó encima. Magallanes cayó de rodillas y desapareció bajo una masa de cuerpos enemigos. Sus hombres, viéndolo perdido, se apresuraron a retroceder hacia las lanchas. En la orilla, atravesados por las flechas enemigas, dejaron atrás los cuerpos de ocho de los suyos.

Fue un mazazo. Uno más, el peor, el más inesperado, en una expedición que parecía maldita desde principio.

Desde antes del principio, en realidad. Portugal veía con malos ojos la pretensión castellana de abrir una ruta por el oeste hacia las islas de las especias, las legendarias Molucas, donde se producían el clavo, la pimienta, la canela o la nuez moscada. Ese era el verdádero objetivo de la empresa: alcanzar el origen las especias, que constituían una prodigiosa fuente de beneficios. Solo unos años antes, en 1512, tras un siglo entero de lenta aproximación, los portugueses habían conseguido por fin alcanzar las Molucas bordeando África. Y ahora llegaban los castellanos con un portugués renegado al frente para arrebatarles el fruto de sus esfuerzos.

No lo iban a consentir.

Magallanes, y con él una buena parte de la tripulación, era en efecto portugués. Había solicitado a su rey, Manuel I, que sufragase la expedición, pero este lo rechazó de malos modos y Magallanes, despechado, decidió ofrecer sus servicios a Carlos I de España.

También en Castilla su origen trajo problemas. Muchos en la corte consideraron que la expedición era «demasiado portuguesa» y maniobraron en la sombra para limitar la autoridad de Magallanes. El principal opositor fue don Juan de Fonseca, obispo de Burgos y consejero del rey de España, que terminó consiguiendo que su hijo natural, Juan de Cartagena, fuera nombrado capitán de uno de los navíos y segundo al mando, casi a la par con el propio Magallanes.

Todo había sido extremadamente difícil. El cónsul portugués en Sevilla no cesó de maniobrar en la sombra para dificultar la partida. Costó reunir los fondos y reunir los barcos y las tripulaciones, pues el secretismo sobre el destino y la incierta duración del viaje no animaban a muchos a enrolarse. Al final se consiguió juntar un heterogéneo grupo de españoles, portugueses, italianos, franceses, griegos, alemanes, flamencos, irlandeses e incluso moros, negros y un malayo, Enrique de Malaca, un esclavo que Magallanes se había traído de un anterior viaje a Sumatra y que sería el intérprete oficial de la expedición. Nunca antes se había visto una tripulación tan heterogénea.

Los cinco navíos de la Armada de la Especiería partieron del puerto de las Mulas en Sevilla el 10 de agosto de 1519, y de Sanlúcar de Barrameda el 20 de septiembre.

La primera escala fue la isla canaria de Tenerife. Mientras se abastecían de víveres y agua, arribó un barco procedente de la Península con un mensaje para Magallanes en el que unos amigos suyos le advertían de que Juan de Cartagena, su segundo, proyectaba amotinarse. Magallanes decidió no hacer nada, salvo mantenerse vigilante, pero la misiva lo cambió todo: una nube de sospecha y desconfianza se instaló sobre la flota.

Los problemas se sucedieron. Cartagena se mostraba hostil y no cesaba de discutir la autoridad y las órdenes de Magallanes, hasta el punto de que este terminó por ponerlo en el cepo, aunque más tarde lo liberó al ver que contaba con el apoyo de buena parte de la tripulación.

Tocaron Cabo Verde y siguieron hacia el sur. Sufrieron tormentas de gran violencia y se quedaron detenidos durante tres semanas bajo el asfixiante calor y las calmas chichas del ecuador. Los ánimos entre los expedicionarios se encontraban cada vez más encrespados.

A mediados de diciembre el ambiente se relajó un poco cuando desembarcaron en la bahía de Guanabara, en el lugar donde más tarde se fundaría Río de Janeiro. Pero fue solo un espejismo. Tras una semana de descanso, la expedición comenzó a bordear la costa hacia el sur en busca de un paso que les llevara al océano Pacífico.

Era una tarea ímproba, que nunca antes se había intentado. Peor todavía: se desconocía si en verdad existía tal camino. Quizá todo fuera una quimera y, en ese caso, ¿merecía la pena dejarse la vida en tan esforzada como inútil empresa?

A medida que descendían por latitudes cada vez más frías, penetrando en amplias bahías y estuarios cuya exploración los iba retrasando y padeciendo vientos tormentosos, mares encrespados y temperaturas progresivamente más bajas, el ambiente se volvió irrespirable. Muchos murmuraban ya abiertamente que se dirigían a ninguna parte, que terminarían congelados o hundidos en aquellos mares imposibles. El hielo trababa los aparejos y la mar y el viento no daban tregua.

El 31 de marzo de 1520 Magallanes, comprendiendo que no podía seguir descendiendo en latitud en pleno invierno austral, ordenó invernar en una bahía que llamaron de San Julián, en la Patagonia.

Fue allí donde Juan de Cartagena, apoyado por los capitanes Quesada y Mendoza y otros relevantes miembros de la tripulación (entre ellos, el maestre Juan Sebastián Elcano), decidió que la expedición había fracasado y se amotinó. Pretendía arrebatarle el mando a Magallanes y regresar a España, pero la reacción del capitán general fue tan astuta como fulminante: con la excusa de parlamentar, envió chalupas con hombres afines a los barcos amotinados y consiguió recuperar su control.

Dispuesto a dejar bien asentada su autoridad, celebró una corte marcial y condenó a muerte a cuarenta y cuatro hombres. El capitán Mendoza, fallecido durante el motín, fue descuartizado. Quesada fue decapitado y descuartizado. Juan de Cartagena se libró de la muerte por ser noble, pero le abandonaron con el clérigo Sánchez de la Reina en una isla cercana, allí, casi en el fin del mundo, sin medios para subsistir.

Nunca se volvió a saber de ellos.

Con su autoridad ya restablecida de forma tan expeditiva, Magallanes perdonó la vida a los demás condenados. Sabía bien que los necesitaba para alcanzar su objetivo.

Permanecieron cinco meses en San Julián, alimentándose de lo que cazaban y pasando frío. Durante la estancia perdieron la más pequeña de las naves, la Santiago, que se estrelló contra la costa durante un temporal.

El 24 de agosto, todavía en pleno invierno austral, Magallanes ordenó levar anclas. Sin embargo, una violenta tormenta les obligó a detenerse de nuevo un poco más al sur, en el actual puerto argentino de Santa Cruz. Allí permanecieron casi dos meses más, hasta que el 18 de octubre, ya entrada la primavera, emprendieron nuevamente la búsqueda del paso hacia el Pacífico.

El 21 de octubre de 1520 se toparon con una gran bahía. Magallanes ordenó que dos de las naos, la Concepción y la San Antonio, se adentraran en ella para explorarla. Tras unos días de espera regresaron con la buena nueva: se trataba de un canal profundo, sin rastro de agua dulce.

Una corriente de excitación y renovadas energias sacudió la expedición. Las cuatro naves se internaron por aquel prometedor paso, pero pronto comprobaron que se hallaban ante un verdadero laberinto de canales, islas y bifurcaciones. Se vieron obligados a avanzar lentamente, explorando cada posible desviación.

Una vez más, el ambiente se tornó hostil, desesperanzado.

Al topar con una gran isla, unos días más tarde, Magallanes ordenó a la Concepción y la San Antonio que explorasen el canal del sureste mientras la Trinidad y la Victoria exploraban el del suroeste, con la idea de reunirse en breve en aquel mismo lugar.

Solo regresó la Concepción. Se había separado de la San Antonio en una bifurcación y no la volvió a ver. Aguardaron por ella unos días, hasta que Magallanes comprendió que ya no aparecerían. Clavó una gran cruz en tierra con una olla a sus pies en la que dejó indicaciones para los de la San Antonio y ordenó proseguir la exploración de paso.

Pero el capitán general no se hacía ilusiones. El piloto de la nao, Esteban Gómez, había discutido unos días antes con él sobre la conveniencia de regresar a España para informar del descubrimiento del estrecho, a lo que Magallanes se negó tajantemente. No solo no sabían todavía si en realidad aquello era un paso hacia el Pacífico, sino que estaba determinado a alcanzar las Molucas costara lo que costase. Aquella era la gran oportunidad de su vida. No podía desperdiciarla.

Ahora, ante la desaparición de la nao, no le cupo duda de que el piloto había tomado el mando y decidido regresar por su cuenta. Había desertado.

Ya solo le quedaban tres naves.

La traición le afectó profundamente, primero porque temía lo que pudieran contar de él al llegar a España y después porque la San Antonio cargaba con la mayor parte de las provisiones, lo que ponía en peligro, todavía más, el éxito de la expedición.

No fue el único afectado. Los ciento cincuenta tripulantes de los tres navíos restantes se hallaban cada vez más desanimados.

Unos días después, el enrarecido ambiente cambió de forma radical: el 27 de noviembre de 1520 se encontraron por fin en mar abierta. El cronista Pigafetta describe sucintamente el momento: «Todos lloramos de alegría», dice.

Y no era para menos. Habían descubierto y navegado el paso entre el océano Atlántico y el Pacífico, que ellos llamaron de Todos los Santos y que la posteridad registró como estrecho de Magallanes.

Acababan de entrar en la historia.

Pero las penurias, pese a lo que imaginaban, no habían hecho sino empezar. Creían estar ya muy cerca de las Molucas. No sospechaban que tenían por delante el océano más extenso del planeta, una colosal masa de agua, apenas salpicada por pequeñas islas, que cubre la tercera parte de la Tierra.

Por mala fortuna, la derrota elegida por Magallanes sorteó todas las islas. Durante más de tres meses navegaron sin otro horizonte que el inmenso azul, salvo un par de atolones deshabitados en los que se atracaron de aves marinas y huevos de tortuga. Pero apenas bastó. El hambre y el escorbuto hicieron estragos. Pigafetta lo expresa de forma harto gráfica:

> «El bizcocho que comíamos ya no era pan, sino un polvo mezclado de gusanos que habían devorado toda su sustancia, y que además tenía un hedor insoportable por hallarse impregnado de orines de rata. El agua (...) estaba igualmente podrida y hedionda. Para no morirnos de hambre, nos vimos aun obligados a comer pedazos de cuero de vaca con que se había forrado la gran verga para evitar que la madera destruyera las cuerdas. Este cuero, siempre expuesto al agua, al sol y a los vientos, estaba tan duro que era necesario sumergirlo durante cuatro o cinco días en el mar para ablandarlo un poco (...).
>
> A menudo aun estábamos reducidos a alimentarnos de serrín, y hasta las ratas, tan repelentes para el hombre, habían llegado a ser un alimento tan delicado que se pagaba medio ducado por cada una.
>
> Sin embargo, esto no era todo. Nuestra mayor desgracia era vernos atacados de una especie de enfermedad

que hacía hincharse las encías hasta el extremo de sobrepasar los dientes en ambas mandíbulas, haciendo que los enfermos no pudiesen tomar ningún alimento».

Finalmente, cuando ya no les quedaba nada que comer, el 6 de marzo de 1521 divisaron la isla de Guam, que ellos llamaron «De los Ladrones». La explicación de tan curioso nombre es sencilla: al divisar los navíos, una multitud de canoas rodeó a los exhaustos expedicionarios; los indígenas subieron a bordo y, ante el pasmo general, con buenos modos y mucha alegría, comenzaron a llevarse cuanto encontraban.

Magallanes reaccionó violentamente: ordenó saquear el poblado, quemar las chozas y partir. Una mala experiencia, pero en los días siguientes nuevas islas fueron apareciendo en el horizonte. Mejor todavía; los enfermos de escorbuto mejoraron rápidamente con la nueva dieta de plátanos, cocos, pollo, arroz, ñames...

El 16 de marzo, solo diez días después, alcanzaron un gran archipiélago, las Filipinas, que ellos llamaron islas de San Lázaro. Se trataba de unas tierras acogedoras, cubiertas de palmeras y bosques, con playas de arena finísima, buen clima y abundancia de alimentos y agua. Tras la dura travesía del océano, aquello era en verdad el paraíso.

Y allí, en aquel paraíso, cuarenta y un días después, Magallanes había muerto.

Los días siguientes comprobaron de forma harto dolorosa las consecuencias de la muerte de su capitán. Se encontraban, todos lo intuían, muy cerca de las Molucas, pero el camino hasta ellas era incierto y la moral se hallaba por los suelos.

El 1 de mayo, el rey Humabón invitó a los capitanes y los pilotos a una comida de despedida. Acudieron veintiocho hombres, los más señalados de entre los expedicionarios.

Humabón se mostró obsequioso, pero todo era fingimiento. Quizá porque veía peligrar su posición ante los demás reyes de las islas, quizá por la decepción sufrida al comprobar que aquellos extranjeros no eran invencibles, decidió librarse de ellos. Y lo hizo por la vía rápida: al finalizar el banquete, los invitados fueron rodeados por varios centenares de guerreros y asesinados.

Solo se salvó uno, el capitán Juan López Carvalho, que al llegar tarde al poblado vio algo que le hizo sospechar y retrocedió a tiempo. De los principales, además de Carvalho, se salvaron el maestre Juan Sebastián Elcano, que no acudió por estar enfermo, y el cronista Pigafetta, que tampoco acudió por las heridas que había sufrido unos días antes. Entre los fallecidos se encontraba Duarte Barbosa, que había sucedido a Magallanes en el mando.

Quedaban poco más de un centenar de hombres. Demasiado pocos para los tres barcos. Además, la Concepción estaba en muy mal estado, así que decidieron vaciarla y quemarla. Después, con Carvalho al mando, abandonaron la isla de Cebú en las dos naves restantes, la Trinidad y la Victoria.

Durante seis meses vagaron sin rumbo por aquellos mares salpicados de islas. Alcanzaron Borneo y Timor y erraron por el archipiélago de la actual Indonesia sin que Carvalho pareciera saber muy bien qué hacer ni qué derrota seguir. En agosto, la Trinidad encalló en un arrecife y en la Victoria se abrió una vía de agua, lo que les obligó a detenerse treinta y siete días en la playa de una isla mientras los carpinteros y los calafateros reparaban las naves.

Allí, los capitanes y maestres decidieron destituir a Carvalho, que había dado sobradas muestras de incompetencia. Gonzalo Gómez de Espinosa quedó al cargo de la Trinidad y Juan Sebastián Elcano al mando de la Victoria.

Elcano era un marino guipuzcoano con sobrada experiencia. Capitán de su propia nave, había participado en dos expediciones militares, en Argel e Italia. Durante esta última, a las órdenes del Gran Capitán, se vio en la necesidad de hipotecar su barco a unos comerciantes de Saboya para pagar a sus tripulantes. Su pretensión era cubrir la deuda con los pagos que la Corona debía hacerle por su participación en la campaña, pero estos se retrasaron tanto que terminó perdiendo el barco.

Y eso, vender un navío artillado a unos extranjeros en tiempos de guerra, era delito. Elcano no solo perdió su medio de vida y se arruinó: también se convirtió en prófugo de la justicia. Por eso, cuando se enteró de la proyectada expedición de Magallanes y de la dificultad que tenía para conseguir una tripulación, no dudó en alistarse.

Dos años después de partir de Sevilla, inesperadamente, se encontró al mando de la Victoria. Y sabía lo que había que hacer.

Elcano y Gómez de Espinosa pusieron rumbo a las ya muy cercanas Molucas, deteniéndose aquí y allá para recabar información de los nativos.

Ternate y Tidore, dos de las islas Molucas, muy cercanas entre sí, eran los principales centros de producción de las ansiadas especias. Los portugueses controlaban la isla de Ternate, así que los castellanos decidieron desembarcar en Tidore, adonde arribaron el 8 de noviembre de 1521. Tras dos años y tres meses, por fin habían alcanzado su objetivo.

Tidore era la principal productora de clavo del mundo. Estaba gobernada por un rey musulmán, Almansur, que les recibió con los brazos abiertos pues veía en ellos unos posibles aliados frente a los portugueses.

Sin embargo, unos días después les llegaron noticias desde Ternate: poco después de la partida de Magallanes, el rey de Portugal había ordenado que zarpasen dos escuadras para impedir que los españoles alcanzaran su objetivo. Se hallaban, por tanto, en peligro.

Decidieron acortar su estancia. Cargaron los navíos hasta los topes de clavo y, solo un mes después de su llegada, a pesar de los ruegos del rey Almansur, levaron nuevamente anclas. Esta vez los ánimos se hallaban en su momento álgido: volvían a casa, y lo hacían con un riquísimo cargamento que compensaría todas sus desventuras.

Pero, una vez más, las cosas se torcieron.

—¡Capitán, la Trinidad está virando!

Juan Sebastián Elcano se volvió con presteza y buscó a popa la silueta de la otra nao. El aguacero teñía de gris el mar y reducía la visibilidad, pero no tardó en localizarla.

En efecto, la Trinidad había virado y se alejaba. Un vistazo le bastó para comprender lo que sucedía: la nave estaba escorada a babor y navegaba con dificultad evidente, como una vieja artrítica tratando de atravesar un terreno repleto de agujeros. Así no podía ir muy lejos.

Regresaba a Tidore, de donde habían zarpado poco antes.

En silencio, observó cómo se perdía de vista bajo la densa lluvia tropical. El agua le resbalaba por la barba y se le metía bajo las ropas, empapándolo. Sentía las miradas de sus hombres fijas en él. Sabía lo que la mayoría estaba pensando. Lo que querían que hiciera. Y a fe verdadera que estaba tentado, muy tentado.

Era diciembre de 1522. Llevaban dos años y cuatro meses dando tumbos a través de medio mundo, sufriendo calamidades inimaginables incluso para un curtido hombre de mar como él. Habían superado calmas ecuatoriales, motines, tormentas, hielos, hambre, sed, ataques, muertes. Y, pese a todo, habían alcanzado su objetivo. Lo habían logrado.

—¡Virad! —ordenó, haciendo caso omiso de las miradas de decepción de sus hombres. No podía dejar en la estacada a sus compañeros.

Una vez en tierra se confirmó lo que todos sospechaban: la Trinidad hacía aguas por las junturas de las cuadernas. Era la peor noticia, pues les obligaba a vaciar la nao completamente, vararla en tierra y calafatearla. Un desastre, máxime si tenían en cuenta que en cualquier momento podían aparecer los portugueses. Ninguno dudaba de lo que les sucedería si tal encuentro se producía.

—No podemos demorarnos, Gonzalo —expuso Elcano, reunido con el capitán de la Trinidad—. Sabéis bien el peligro que corremos. Hemos de hacer lo posible por regresar, y la reparación de la Trinidad nos demorará largo tiempo...

Gonzalo Gómez de Espinosa asintió. Era un hombre cabal y sabía bien lo que tenía que hacer.

—Partid vos, Juan. Yo os seguiré cuando mi nave esté en condiciones.

Pero Elcano tenía otra cosa en mente. Llevaba un tiempo dándole vueltas a una idea que le resultaba intensamente seductora. La intención inicial había sido regresar por donde habían llegado, a través del estrecho de Magallanes, pero aquel era un camino harto peligroso, máxime porque alcanzarían el paso durante el invierno austral, lo que les obligaría a una nueva invernada. Ninguna de las dos naos estaba en condiciones de lograrlo.

—No, Gonzalo —replicó, observando fijamente a su interlocutor—. No me seguiréis. Dirigíos a Darién, en Panamá. Allí encontraréis ayuda de los nuestros para regresar a España. Será una travesía más segura, sin la amenaza portuguesa.

Gómez de Espinosa meditó la propuesta. Era una alternativa razonable, dado el estado de la Trinidad.

—¿Y vos, seguiréis hacia el estrecho?

El semblante de Elcano se mantuvo grave. No, no regresaría por el estrecho. Su plan era mucho más ambicioso.

—Navegaré hacia el oeste. Bordearé África hasta alcanzar el Atlántico. No os preocupéis, trataré de alejarme cuanto pueda de las rutas controladas por los portugueses. Al menos una de las dos naves ha de regresar, y esto es lo último que esperan nuestros enemigos.

Gómez de Espinosa observó la expresión decidida de Elcano. Aquella era una jugada arriesgada, pero, ¿no lo habían sido todas hasta el momento? Entendía muy bien la ambición que brillaba en los ojos del capitán: si lo conseguía, Elcano se convertiría en el primer capitán que daba la vuelta entera al globo terrestre. La vuelta al mundo.

—De acuerdo entonces, Juan. Os deseo la mejor de las suertes.

Aquel día quedó sellado el destino de la expedición. La Armada de la Especiería había partido de Sevilla con el único, y no pequeño, objetivo de alcanzar las Molucas. Pero fue Juan Sebastián Elcano quien, una vez allí, tomó la decisión que les haría entrar en la historia: regresar hacia el oeste y completar la primera vuelta al mundo. Una gesta tan asombrosa que ni siquiera Magallanes había soñado realizar.

El 21 de diciembre de 1521, la Victoria partió de Tidore con seiscientos quintales de clavo y cuarenta y siete tripulantes. El viaje de regreso estuvo, una vez más, plagado de dificultades. Obligados a trazar una ruta lo más meridional posible para evitar a los portugueses, sufrieron tormentas, hambre, sed y enfermedades.

Elcano vio discutida su autoridad en más de una ocasión, pero su firme carácter y sus dotes de mando se impusieron. A diferencia de Magallanes, solía consultar con sus hombres las decisiones más peliagudas.

Fue una votación la que decidió, cuatro meses después de la partida de Tidore, cuando se hallaban al borde de la inanición y con buena parte de los marineros enfermos de escorbuto, tocar tierra en Cabo Verde, que estaba en manos de los portugueses. Acordaron fingir que formaban parte de una flota que regresaba de América, pero que una tormenta los había desviado de su curso.

Así lo hicieron. Solicitaron provisiones y materiales para reparar el barco y los portugueses tragaron el cebo y les auxiliaron... hasta que alguno de los marineros se fue de la lengua y mencionó la carga de clavo que portaban.

Las alarmas portuguesas se dispararon. La Victoria, pese a hallarse en muy mal estado y con vías de agua, se vio obligada a salir de estampida, dejando a trece de los suyos en tierra. Solo la astucia de Elcano, que ordenó navegar primero hacia el sur y después hacia el oeste, alejándose de la costa, les permitió escapar.

Los dos últimos meses fueron un infierno. Una vez más hambre, escorbuto y tormentas, a lo que se unía el agotamiento general y la escasez de marineros para maniobrar y hacer funcionar las bombas de achique: solo quedaban veintiún hombres útiles. Tres de ellos nunca consiguieron llegar.

Finalmente, el 6 de septiembre de 1522, tres años y treinta días después de su partida, una nao desvencijada, escorada y con varias vías de agua tocó tierra en Sanlúcar de Barrameda, Cádiz. De ella desembarcaron dieciocho espectros harapientos, agotados, enfermos y famélicos. Nadie sabía quiénes eran ni de dónde venían. Nadie se acordaba de ellos.

Pero lo habían logrado.

Se habían convertido en los primeros seres humanos en dar la vuelta al mundo.

☛ Las especias tenían una gran demanda. Se utilizaban como condimento para dar sabor y disimular el mal estado de la carne, algo habitual en un mundo que todavía no conoce la refrigeración, y se empleaban como ingrediente de ungüentos, inciensos, perfumes y medicinas. Durante siglos, mercaderes indios, árabes y chinos fueron los únicos que visitaron las Molucas para proveerse de clavo, canela, pimienta o nuez moscada, que después llegaban a Europa a través de los turcos o los comerciantes italianos. Era un viaje largo y peligroso durante el cual las preciadas especias pasaban por muchas manos, lo que acababa encareciéndolas y convirtiéndolas en productos solo al alcance de los más acaudalados. Un solo saco de pimienta, por ejemplo, costaba tanto como lo que un trabajador medio ganaba en toda su vida.

☛ La Victoria trajo 381 sacos de especias con un peso total de 524 quintales. Su venta en el mercado español y europeo cubrió ampliamente los gastos de la expedición y dejó un beneficio de 346.220 maravedíes.

☛ Nada más llegar a tierra, Elcano y los supervivientes se presentaron ante el rey Carlos I en Valladolid. El emperador otorgó a Elcano una renta anual de 500 ducados en oro y un escudo de armas en el que figura la esfera de la Tierra con la divisa *Primus circumdedisti me*, «El primero que me rodeaste».

☛ Juan Sebastián Elcano no vivió mucho más: falleció de escorbuto el 4 de agosto de 1526 cuando participaba en una nueva expedición, comandada por García Jofre de Loaisa, cuyo objetivo era conquistar y colonizar las islas Molucas.

☛ En 1529, por el Tratado de Zaragoza, el rey Carlos I vendió las Molucas a Portugal por 350.000 ducados de la época, una auténtica fortuna.

☛ La Trinidad, al mando de Gonzalo Gómez de Espinosa, partió de Tidore el 6 de abril de 1522. Intentaron buscar los vientos del oeste que les llevaran a América, pero nunca lo consiguieron. El escorbuto y el hambre diezmaron su tripulación y los supervivientes, veinte hombres, se vieron obligados a regresar a las Molucas. Allí les esperaba una flota portuguesa, pero la Trinidad fue atrapada por una tormenta y se hizo pedazos. Los supervivientes fueron apresados por los portugueses y pasaron varios años de trabajos forzados y prisión. Solo cuatro de los tripulantes regresaron a Europa.

☛ En el siglo XVI ya se sabía, con pocas dudas, que la tierra era redonda. Sin embargo, la proeza de la Victoria lo demostró de forma inapelable y descubrió los husos horarios, pues los navegantes se dieron cuenta, al llegar a Cabo Verde, de que llevaban un día de retraso con respecto al calendario oficial. Además, la expedición descubrió el Estrecho de Magallanes, fue la primera en navegar el Pacífico en toda su extensión y descubrió un montón de islas hasta entonces desconocidas en Europa.

☛ El viaje de Elcano aportó datos sobre la verdadera dimensión del mundo, que hasta entonces había sido infravalorada. La creencia de que la Tierra era más pequeña de lo que en realidad es permitió dos hazañas: la llegada de Colón a América y la vuelta al mundo. Curiosamente, en ambos casos los portugueses rechazaron organizar las expediciones.

☛ Doscientos cincuenta y ocho años después de la muerte de Magallanes en Mactán, otro afamado marino, el capitán inglés James Cook, encontraría la muerte de forma muy similar en otra playa del Pacífico, en Hawai.

Edad Contemporánea

EL LIBRO QUE CAMBIÓ PARA SIEMPRE LA PERCEPCIÓN DEL HOMBRE Y DEL UNIVERSO

Era uno de esos raros días luminosos de la primavera inglesa. La brisa fresca que mecía las copas de los árboles, el piar de los pájaros y el intenso verdor de la hierba creaban una atmósfera de sosiego y placidez; sin embargo, los dos hombres que conversaban sentados en unas sillas en el jardín de Down House distaban mucho de sentirse en calma.

—Debes publicarlo, Charles —insistió por enésima vez el mayor, que tenía cincuenta y ocho años, una frente amplia y unas gruesas patillas que enmarcaban una mirada penetrante—. No puedes demorarlo más si no quieres que se te adelanten. Se trata solo de un artículo y en él no se expone la teoría de forma evidente, pero los fundamentos son los mismos. Sin duda, este Wallace te sigue los pasos...

Su amigo tenía la mirada perdida en el jardín. También él poseía una frente despejada, pero en vez de patillas cubría su rostro con una poblada barba encanecida. Pese a tener solo cuarenta y siete años, había envejecido prematuramente y parecía mayor que su interlocutor. Al cabo de un rato se levantó y dio unos pasos abstraídos por la hierba.

Se acercó a una mesita dispuesta para el servicio del té y cogió una revista que había en ella. Se trataba de una publicación de historia natural que gozaba de mucha aceptación popular. Pasó las páginas con cierto apremio hasta que encontró lo que buscaba y volvió a leer el titular, aunque ya se lo sabía de memoria: *Sobre la ley que ha regido la aparición de especies nuevas.*

Su autor era un naturalista, un tal Alfred Russel Wallace del que nunca antes había oído hablar. Se sentó de nuevo y se concentró en la lectura, ajeno a la presencia de su amigo, a los gritos infantiles de sus hijos que jugaban en algún lugar del jardín, a la tarde que comenzaba a declinar.

«Toda especie cobra existencia de modo que coincide en el tiempo y el espacio con otra preexistente y muy emparentada con ella». Sí, no había duda. Allí, en aquella frase, se insinuaba la principal conclusión de las investigaciones que tan esforzadamente había desarrollado durante más de veinte años.

Había dedicado todos sus esfuerzos a la construcción de un gigantesco edificio teórico que, estaba plenamente convencido, iba a escandalizar a la sociedad victoriana y a revolucionar la percepción del mundo. Y entonces, de súbito, se encontraba con aquel artículo que sugería su misma idea. Ciertamente no la plasmaba de forma explícita, pero el autor, fuera quien fuese, estaba muy cerca.

Charles Robert Darwin alzó la mirada y buscó la de su interlocutor, Charles Lyell, su más estimado amigo y, sobre todo, el autor de *Principios de geología*, la obra que veinte años atrás le había hecho cambiar su forma de mirar la naturaleza y había inspirado toda su investigación. Lyell era un hombre íntegro, desprendido y generoso que compartía con Darwin la pasión por la ciencia. Era uno de los pocos a los que se había atrevido a explicarle sus teorías acerca de la transmutación de las especies.

—Tienes razón, Charles —dijo al cabo—. No puedo demorarlo más. He de ponerme a escribir de una vez.

Era el 14 de mayo de 1856.

Los temores de Darwin no eran infundados: su obra iba a escandalizar a la sociedad de su época y a transformar para siempre la percepción del hombre y del universo. Y eso era precisamente lo que le detenía. Charles Robert Darwin era un científico excepcionalmente dotado y un investigador meticuloso, pero también era un *gentleman*, un hombre afable y tranquilo que rechazaba cualquier tipo de escándalo y al que no le agradaban las polémicas públicas ni la excesiva notoriedad.

Había nacido en Shrewsbury, Inglaterra, en abril de 1809, en una familia acomodada de científicos e intelectuales. Hijo de un médico, de pequeño quiso ser también médico; más tarde, tras desechar esa idea, pensó en ordenarse sacerdote, hasta que con veintidós años le ofrecieron realizar un viaje por el mundo en un barco topográfico británico, el Beagle, al mando del capitán Robert FitzRoy. Pese a las reticencias de su padre, que al principio se opuso al viaje porque temía que Charles no hiciera nada provechoso en su vida («Tú no te preocupas por nada que no sea la caza, los perros y la captura de ratas, y serás una deshonra para ti mismo y para toda tu familia», llegó a decirle, y pocas veces un padre se equivocó tanto), aquel viaje transformó su vida y le hizo comprender que amaba la ciencia y la historia natural. Y, de paso, cambió para siempre la ciencia.

Durante cinco años, entre diciembre de 1831 y octubre de 1836, Charles Darwin vivió la experiencia más intensa y fascinante de su vida, una expedición capaz de hacer soñar al menos aventurero de los hombres: visitó las islas Canarias, Cabo Verde, Río de Janeiro y la Patagonia; cruzó al Pacífico por la Tierra de Fuego, subió por la costa sudamericana de Chile y Perú y escaló los Andes; se internó en el Pacífico y tocó tierra en las islas Galápagos, Tahití, Nueva Zelanda, Australia y Tasmania; atravesó el océano Índico, rodeó el cabo de Buena Esperanza y visitó, de nuevo en el Atlántico, las islas de Santa Elena y Ascensión.

Cuando regresó a Inglaterra, había dado la vuelta al mundo y se había convertido en un experimentado naturalista. Pero, sobre todo, la gran colección de especímenes que recolectó durante la travesía, sus minuciosas y extensas observaciones y la lectura de los *Principios de geología* de Lyell (que devoró durante el viaje) habían sembrado en él la semilla de su teoría. «Me ha proporcionado tan grandes alegrías este viaje que no dudo en recomendar a todos los naturalistas, aun cuando no puedan lograr tan amables compañeros como los míos, que viajen a todo trance y emprendan excursiones por tierra, si es posible, o si no largas travesías», anotó al regreso en su diario.

Desde entonces habían pasado veinte años durante los cuales publicó varios libros, entre ellos cinco tomos titulados *Zoología del viaje del H.M.S. Beagle* y las anotaciones del propio viaje, con el título de *Journal of Researches* (publicado en castellano como *El viaje del Beagle*) que le proporcionaron cierta fama y le permitieron entrar en los círculos académicos. También se casó, se instaló en una casa de campo, Down House, a unos veinticinco kilómetros al sudeste de Londres, tuvo varios hijos e ingresó en las principales sociedades científicas de su tiempo, como la Geological Society of London, la Royal Society y la Royal Geographical Society. Pero, sobre todo, se había dedicado con intensidad y perseverancia a la investigación natural y se había convencido de que las especies se desarrollaban sin intervención divina.

Y ahí, precisamente, estaba el problema.

Charles Darwin, como todos los seres humanos, era hijo de su tiempo. Hoy nos cuesta ver el mundo con los ojos de los hombres y mujeres de su época, probablemente tanto como les costaría a ellos verlo con nuestros ojos. Lo único que podemos hacer es tratar de ponernos en situación.

Hasta la Revolución Industrial —que comenzó precisamente en Inglaterra a finales del siglo XVIII—, la vida parecía inmutable. Estaba presidida por un dios omnipresente en la vida cotidiana. Salvo algunos pequeños, lentos y casi imperceptibles cambios, los campesinos cultivaban el campo de la misma forma en que lo habían hecho sus padres, sus abuelos y sus bisabuelos, con las mismas herramientas y similares métodos. La vida era un flujo continuo y estable, solo alterado por periódicas hambrunas provocadas por causas que escapaban al control humano, como las sequías, las plagas o las inundaciones. Desde el mismo momento del nacimiento, la mayor parte de los seres humanos tenía una idea muy clara de cómo se iba a desarrollar su existencia.

En el mundo actual esto resulta casi inimaginable: la aceleración de los cambios es tal que nuestro escenario vital está en constante transformación. Hace medio siglo nadie sospechaba que se avecinaba la revolución informática, hace veinticinco solo unos pocos habían oído hablar de internet, hace diez ni soñábamos con las capacidades de los actuales teléfonos inteligentes y ahora mismo la mayor parte de la población ni siquiera sospecha lo mucho, lo muchísimo que la inteligencia artificial está cambiando nuestras vidas. Avances técnicos que provocan profundas transformaciones en nuestra forma de vida y, sobre todo, nos habitúan a la idea del cambio, de la continua mutabilidad de la existencia.

En el siglo XIX las cosas eran muy diferentes. La Revolución Industrial estaba empezando a alterar el panorama pero, como suele suceder, se enfrentaba a grandes resistencias. La mayor parte de la población seguía aferrándose a la idea de la inmutabilidad de la vida, y esa inmutabilidad estaba presidida por la idea de un dios creador. Un dios, según calculó el arzobispo anglicano James Ussher tras estudiar minuciosamente la Biblia, que había creado el mundo (tal y como es ahora, por supuesto) el domingo 23 de octubre del año 4004 a.n.e. (aunque el decía «antes de Cristo») a las nueve de la mañana.

Ciertamente había pensadores inquietos que comenzaban a rechazar las explicaciones teológicas y defendían la idea de progreso, pero en su mayor parte incluso ellos seguían aceptando la existencia de la mano creadora de un dios como responsable último de todo cuanto existe. Solo unos pocos veían el mundo desde una perspectiva completamente secular.

Y no eran muy estimados.

El problema, para Darwin, no era tanto la existencia o no de uno o varios dioses, aunque es cierto que se fue despojando de sus creencias paulatinamente, a medida que avanzaba en sus investigaciones sobre Historia Natural. El problema era que sus investigaciones, que recogió extensamente en una serie de libretas personales que hoy se conocen como las *Transmutation Notes* (que nos permiten seguir al detalle la evolución de su pensamiento) demostraban que las enseñanzas de la Iglesia eran falsas. «¿Hombres procedentes de monos? —anotó, por ejemplo, en la Libreta C—. Con su arrogancia, el hombre se considera a sí mismo una gran obra, digna de la intervención de una deidad. Creo que es más humilde y más cierto considerar que procede de los animales».

Hacia 1842, Darwin ya había desarrollado los fundamentos de la teoría de la evolución y en 1844 terminó de escribir un ensayo de doscientas treinta páginas que la resumía. Pero no lo hizo público: se limitó a guardarlo en algún cajón.

Le preocupaba. Sus investigaciones acababan para siempre con el dios de la Antigüedad y dejaban al ser humano desnudo ante un vacío aterrador. Si no existía un dios creador y las especies evolucionaban debido al azar, la reproducción y la lucha, ¿qué sentido tenía la vida? Si los seres humanos no tenían que responder de sus actos ante ningún ser supremo, ¿podían comportarse como quisieran, sin ningún tipo de restricción moral? ¿Cómo podría sostenerse una sociedad en la que cada cual velase únicamente por sus intereses?

Darwin sabía que la divulgación de su ensayo provocaría un terremoto. La idea de que las especies no habían sido creadas por nadie y que iban experimentando lentas transformaciones de forma continua era inconcebible en su época, pura herejía.

La polémica que, estaba seguro, iba a desatar, le producía temor y una intensa angustia. Decidió seguir sus investigaciones, ampliar los experimentos y los análisis, documentar exhaustivamente cada una de sus hipótesis. La ciencia, y solo la ciencia, podía frenar la avalancha de críticas que le aguardaban.

Hasta aquel 14 de mayo de 1856, veinte años después de su regreso a Inglaterra tras el viaje en el Beagle. Ese día, la lectura del artículo de Alfred Russel Wallace le decidió. No podía seguir demorándolo más: tenía que ponerse a escribir de una vez por todas.

Tenía demasiados datos, demasiadas anotaciones, demasiadas pruebas. «Soy como Creso, agobiado por mi riqueza de hechos», le escribió a un primo suyo. Pero se puso manos a la obra y comenzó a redactar, en un tono amable, ameno y persuasivo muy alejado de los áridos textos científicos habituales, su magna obra.

El proceso fue muy duro, no solo por el ingente trabajo de síntesis que tuvo que realizar sino porque desde hacía años padecía de mala salud. Sufría continuos dolores de cabeza y tenía problemas estomacales que le provocaban vómitos y lo dejaban postrado durante días, incapaz de trabajar. Los doctores no conseguían diagnosticar su enfermedad, pero él sospechaba que se trataba de algún mal endémico contraído durante su viaje alrededor del mundo.

Fuera como fuese, encerrado en su estudio de Down House y solo interrumpido por sus hijos y por la visita de sus más cercanos amigos, atendido cariñosamente por su mujer Emma Wedgwood, fue avanzando en la redacción de su libro.

En él afirmaba que las especies no eran inmutables, sino que iban modificándose constantemente. Decía que no había dos seres iguales, que entre unos y otros siempre existían pequeñas diferencias y que, desde siempre, los campesinos y los ganaderos seleccionaban aquellas plantas o aquellos animales que poseían características que les interesaban (la espiga que da más grano, la vaca que produce más leche) para reproducirlos y perpetuar esas características. En el mundo salvaje, continuaba, era la naturaleza la que realizaba esta selección, que denominó por ello «selección natural». Aseguraba que la vida era una continua lucha por la alimentación, el territorio y la reproducción, y que en esa lucha los más débiles, los menos adaptados, solían morir antes; los supervivientes, los mejor adaptados a su entorno, eran los que conseguían reproducirse. Añadió que la selección natural tendía a favorecer a las especies que se diversificaban. Aquellos seres que desarrollaban características nuevas que les daban alguna ventaja competitiva eran los que sobrevivían lo suficiente como para reproducirse y transmitir esas ventajas a su progenie.

Pero no se limitaba a exponer sus teorías: las demostraba con innumerables ejemplos sacados de sus investigaciones y sus reflexiones en campos como la biología, la paleontología, la distribución geográfica o la embriología. El mundo que desvelaba Darwin era de todo menos la bucólica imagen de la creación que imperaba hasta entonces: los seres vivos estaban enzarzados en una lucha a muerte por la supervivencia. No había ninguna fuerza divina que los impulsara a evolucionar en una u otra dirección: todo era azar.

Llevaba dos años volcado en la redacción del libro cuando su mundo se vio sacudido por un fuerte terremoto en forma de envío postal.

Una mañana de junio de 1858 recibió un paquete procedente de una ignota isla de las Indias Orientales Holandesas, en el océano Índico. Lo abrió con curiosidad, pensando en quién podría escribirle desde tan lejano lugar... y se quedó paralizado al ver lo que contenía.

En el interior encontró unas cuantas páginas manuscritas firmadas por el mismo naturalista que dos años atrás había precipitado su decisión de escribir: Alfred Russel Wallace. Por entonces ya sabía quién era, un topógrafo profesional y científico autodidacta que se dedicaba a viajar por el mundo para recoger especímenes vegetales y animales para venderlos a museos y coleccionistas. El título le dejó helado: «On the Tendency of Varieties to Depart Indefinitely from the Original Type», *Sobre la tendencia de las variedades a diferenciarse indefinidamente del tipo original*. Al instante, dejó lo que estaba haciendo y se enfrascó en la lectura.

Y a medida que lo hacía, sentía que el peso del mundo caía sobre sus hombros.

Se trataba de un corto ensayo, pero en él se exponía la misma teoría de la evolución. Ciertamente había diferencias: Wallace rechazaba la idea de que la selección natural fuera la única causa del origen del hombre, defendía la necesidad de la intervención divina, afirmaba que el proceso evolutivo había finalizado con los seres humanos y, sobre todo, no contaba con el apoyo probatorio de la exhaustiva investigación realizada por Darwin.

Pero, en esencia, ambos habían llegado a la misma conclusión.

Se desmoronó. Él era un *gentleman*, un caballero sereno y honrado al que ni se le pasaba por la cabeza traicionar la confianza de nadie.

El 18 de junio escribió a su amigo Charles Lyell: «Nunca vi una coincidencia más notable... Si Wallace tuviera el borrador del manuscrito que escribí en 1842, ¡no hubiera podido hacer un resumen mejor!». Estaba asombrado, profundamente perturbado, y no sabía qué hacer, salvo lo que le demandaba su honor de caballero: retirarse y reconocer el mérito de Wallace.

Pero no se decidía. Todo aquello le importaba demasiado: era el trabajo de su vida, el resultado de décadas de investigación y reflexión. ¿Cómo tirarlo todo por la borda de buenas a primeras, por mucho que lo demandase su honor?

Lyell y Joseph Dalton Hooker, un botánico que se contaba entre los más cercanos a Darwin, acudieron a Down House para proponerle una solución intermedia: ellos mismos se ofrecían para presentar el ensayo de Wallace y un resumen de las investigaciones de Darwin, en nombre de ambos y de forma conjunta, reconociendo la doble autoría, en la siguiente reunión de la Linnean Society de Londres.

Darwin, con muchas dudas, terminó por aceptar.

La presentación se realizó el 1 de julio de 1858 ante una audiencia poco numerosa. Ni Wallace ni Darwin asistieron, el primero por hallarse muy lejos (ni siquiera sabía que se celebraba la reunión, pues las cartas tardaban meses en llegar, y cuando le llegaron se apresuró a responder que la solución le parecía enteramente satisfactoria) y Darwin porque dos días antes había fallecido por la escarlatina su décimo hijo, Charles, apenas un bebé de dieciocho meses.

Sin embargo, contra todo pronóstico, la Teoría de la Evolución despertó escaso interés.

Darwin sabía que aquello solo era el principio: no se podía comparar un breve ensayo con el libro extensamente documentado que estaba preparando. Tras unas breves vacaciones para recuperarse de la muerte de su hijo, se enfrascó nuevamente en su redacción y durante trece meses más luchó contra sus achaques para terminar el manuscrito.

Cuando le faltaban pocos meses se puso en contacto con el editor John Murray, que ya había publicado antes su *Journal of Researches* y que, para gran alivio del autor (que temía que nadie se atreviera a publicar una obra como la suya), aceptó enseguida hacerlo.

El 1 de octubre de 1859, completamente exhausto, terminó de revisar las pruebas de la edición. Por fin, el 24 de noviembre de 1859, en Londres, se puso a la venta un volumen encuadernado en tela verde, con 502 páginas, que desafiaba todas las convenciones sobre los seres vivos que hasta entonces habían sido consideradas verdades absolutas. Se titulaba *Sobre el origen de las especies por medio de la selección natural, o la conservación de las razas favorecidas en la lucha por la existencia*.

Desató una polémica que todavía continúa hoy.

☛ Nada más publicar su libro, Darwin envió un ejemplar a Wallace. Este lo devoró en pocos días y escribió sobre él: «Perdurará tanto como los *Principia* de Newton. El señor Darwin ha donado al mundo una ciencia nueva, y su nombre, a juicio mío, se destaca por encima del de muchos filósofos antiguos y modernos. ¡La fuerza de la admiración me impide decir más!». Aun así, añadió después: «Ni en sueños me hubiera acercado yo a la perfección de su libro. Confieso mi agradecimiento de que no me incumbiera presentar la teoría al mundo».

☛ Darwin evitó la polémica durante toda su vida. Se quedó tranquilamente en su casa y se dedicó a revisar las sucesivas ediciones y traducciones de su obra y a publicar más libros, entre ellos el fundamental *El origen del hombre*, en el que aborda la cuestión del origen del ser humano, que deliberadamente había dejado fuera en *El origen de las especies*.

☛ La controversia provocada por la publicación del libro fue intensa y duradera. Cuatro amigos científicos de Darwin, Charles Lyell, Joseph Hooker, Asa Gray y Thomas Henry Huxley, tomaron sobre sus hombros la responsabilidad de defender la Teoría de la Evolución, y lo hicieron con tanto acierto que consiguieron que esta terminara por imponerse.

☛ Fue el obispo de Oxford Samuel Wilberforce el que, debatiendo con Huxley, le espetó una pregunta que haría historia y se convertiría en tema de muchas viñetas cómicas: «Entonces, ¿tiene usted parentesco con algún simio por parte de su abuelo o de su abuela?».

☞ Darwin alcanzó en vida una inmensa popularidad y fue admirado y atacado por igual. Su casa de Down House se convirtió en lugar de peregrinación de sus admiradores, que deseaban conocer el refugio del gran hombre y se apostaban en su valla para tratar de vislumbrarlo en su invernadero.

☞ Charles Robert Darwin falleció en su casa el 19 de abril de 1882, plenamente consciente de que su obra había transformado el pensamiento científico universal.

Si te ha gustado este libro, te agradecería muchísimo que hicieras el esfuerzo de escribir tus comentarios en Amazon o en la página de la librería donde lo hayas adquirido. Es solo un momento para ti, pero tiene gran importancia para mí: gracias a tus palabras muchos otros lectores podrán descubrir estas *Historias para disfrutar con la historia*.

En un mundo en el que se publican miles de libros cada día, lo verdaderamente valioso es conseguir la atención y el interés del lector. Unas pocas palabras tuyas pueden marcar la diferencia y animar a otros lectores a adquirir el libro.

Y si quieres hacerme feliz, además, ¿por qué no compartes tu opinión en tus redes sociales? No te costará mucho y con ello estarás contribuyendo a que pueda seguir viajando y escribiendo nuevas novelas, libros de viajes e *Historias para disfrutar con la historia*.

¡Muchísimas gracias por leerme!

* 9 7 8 8 4 9 4 9 6 4 6 2 6 *